TALLINN

CAPITALE MÉDIÉVALE

PHOTO TOUR

Administration de la ville

Églises

Défense de la ville

Organisations moyenâgeuses

Demeures et rues

À l'extérieur du centre ville

Texte: Kristina Porgasaar, Eva-Grete Aljas
Rédaction historique et introduction : Jüri Kuuskemaa
Traductrice: Katrin Illend
Photos: Toomas Tuul, Heiki Laan, Toomas Volmer, Kaido Haagen, Ain Avik, Lembit Michelson, Malev Toom, Jaak Kadarik, Allan Alajaan, Aimur Kruuse, Musée en plein air d'Estonie, Musée National des Beaux-Arts, Archives de films et de photos
Conception: Külli Unt, Stella Vainikko, Jaana Kukk-Allik
Reproduction: Nelli Allsalu
Rédaction linguistique: Kadri Liimal
Rédacteur en chef et manager du projet: Aimur Kruuse
Éditeur: © Grenader Grupp OÜ, www.grenader.ee, +372 53 477 777
Imprimé à l'imprimerie Greif
ISBN 9949-411-15-7 (paperback)
ISBN 9949-411-14-9 (hardback)

Au début du siècle dernier quelques aristocrates baltes se demandèrent quel était le plus beau panorama de ville donnant sur la mer. Ces gentilshommes, voyageurs chevroennés, proposèrent trois noms : Naples, Rio de Janeiro et Tallinn. Bien que quelques „gratte-ciel" se soient dressés depuis les dernières décennies, le panorama de Tallinn avec ses tours et beffrois gothiques et baroques a gardé son intégralité. Son panorama est un des chefs d'œuvres les plus importants de la ville. Seul le tableau médiéval „La Danse Macabre" se trouvant dans l'église St Nicolas pourrait lui faire concurrence.

Tallinn n'a pas battu beaucoup de records mondiaux. Le livre des records Guinness ne mentionne qu'un fait de valeur douteuse sur la vente d'alcool le plus fort (98°)dans le monde entre les deux guerres mondiales. Même de nos jours certains touristes y viennent seulement pour déguster des spiritueux en quantités impressionnantes.

Pour les visiteurs amateurs de culture, on peut mentionner que le plus haut bâtiment du monde entre 1470 et 1625 se trouvait à Tallinn. La crête dorée du coq, girouette en cuivre du clocher de l'église St Olaf, se dressait à 159 mètres de hauteur. Il servait de „phare" pour les bateaux, qui naviguaient dans la baie de Finlande. Le clocher fut incendié par un éclair et reconstruit plus bas. De nos jours il ne mesure que 123,7 mètres de hauteur.

En 1997 l'UNESCO a accordé à Tallinn le statut de patrimoine mondial. La vieille ville de Tallinn est fidèle au caractère médiéval des villes hanséatiques avec tous les éléments architecturaux importants et fait maintenant partie des 130 villes-curiosités du monde.

De tout le territoire de Tallinn, la vieille ville n'occupe que 0,7% et une visite ne prend pas beaucoup de temps. La plupart des demeures médiévales a subi des reconstructions plus ou moins nombreuses. Tallinn est comparable à un mille feuilles, où chaque couche garde les influences des différents siècles et cultures.

Jüri Kuuskemaa,
historien d'art

Château et forteresse de Toompea

Toompea, plateau de pierre calcaire à pentes abruptes, reçut son nom du Dôme qui le couronne et dont la construction commença au 13ème siècle. Déjà au 11ème siècle, ici à cet endroit stratégique autant pour la défense de la région que pour le développement des liens commerciaux, fut construite une forteresse pour les Estoniens. Au 13ème siècle, l'agglomération formée au pied de la colline s'étalait jusqu'au port et occupait le quartier qui entoure aujourd'hui la place de **l'Hôtel de ville**. Les paysans des villages d'alentour utilisaient le port et contribuèrent à la construction de la forteresse, qui les a protégé des envahisseurs. Après la conquête des Danois en 1219, Toompea devint le centre administratif et le principal appui militaire de la nouvelle colonie. La forteresse conquise subit tout de suite des travaux de reconstruction et de renforcement. Les nombreuses tentatives des Estoniens pour reconquérir la partie Nord, surnommée **"la grande forteresse"**, restèrent vaines.

Les travaux de construction de **la petite forteresse**, commencèrent avec l'arrivée de **l'Ordre des Portes Glaives** en 1227. Le château, dont la muraille fut assortie de plusieurs tours et entourée de profondes douves, représentait une protection fiable. Les Danois reprirent le pouvoir à Tallinn et au Nord de l'Estonie dix ans plus tard et s'y installèrent jusqu'au grand soulèvement des Estoniens pendant la nuit de St. Georges, en 1343.

En 1347 la forteresse fut vendue à **l'Ordre de Livonie**, une branche de l'Ordre Teutonique, qui reprit les travaux de rénovation de la forteresse suivant les meilleures traditions de l'architecture des couvents d'Europe occidentale. La muraille fut doublée par un bâtiment à quatre ailes formant une cour intérieure rectangulaire. Les grandes douves devant ses murs garantissaient une protection complète. La muraille fut complétée par de nouvelles tours d'angle :

Le Château de Toompea et son jardin. La tour Pikk Hermann, portant le drapeau national bleu-noir-blanc ▸

Panorama de Toompea, au premier plan la forteresse de Toompea

Pilsticker (Celui qui taille les flèches), **Landskrona** (Couronne de terrains) ainsi que de deux tours extrêmement fortifiées **Pikk Hermann** (Long Hermann) et **Stür den Kerl** (Repousse l'ennemi)

Pikk Hermann, dont le nom d'origine allemande se traduit par «seigneur» (herrschender Mann), fut construite à l'angle sud-ouest de la forteresse dans les années 1370, pendant les travaux de reconstruction. Au début du 16ème siècle sa hauteur atteignait déjà 50 mètres. La tour comptait alors neuf étages : les plus bas servaient d'entrepôts, au milieu se trouvaient les étages d'habitation chauffés par des cheminées. Dans cette partie de la tour on gardait également les munitions. Un escalier étroit mène sur une plate-forme ouverte offrant une vue pittoresque sur toute la ville. Un porte-drapeau y fut installé en 1918. Chaque matin au lever du soleil, le drapeau bleu-noir-blanc d'Estonie est hissé aux sons de l'hymne national. Le drapeau est descendu au coucher du soleil sur une musique populaire. Les drapeaux de différents occupants ont flotté au sommet de la tour à 100 mètres au-dessus du niveau de la mer. Le drapeau national y retrouva sa place en 1989 quand l'indépendance de l'Estonie fut restaurée.

L'aile Est de la forteresse fut complètement transformée dans les années 1767-1773, quand une grande partie de la muraille fut démolie; à sa place on édifia le **Château de Toompea** de l'architecte Johann Schult, édifice prestigieux du **siège du Gouverneur**. La façade est dominée par des détails de style baroque, mais à l'intérieur règne un style classique strict. C'est dans la salle blanche, la plus importante, que se réunissait le Gouvernement de la République jusqu'en 2000.

Sur la façade du château, les armoiries d'Estonie - trois lions d'azur représentés passant, la tête de face, sur l'écu d'or entouré d'une guirlande de feuilles de chêne (deux branches entrecroisées portant des glands) - rappellent la présence du pouvoir.

Le bâtiment rectangulaire à l'abri de la muraille, utilisé comme prison à l'époque du rattachement de l'Estonie à la Russie tsariste,

La façade baroque du Château de Toompea ▸

La façade du bâtiment du Riigikogu. Derrière, la cathédrale Alexandre Nevski

fut incendié par les troupes révolutionnaires en 1917 et détruit peu après. Sur ses fondements fut dressé en 1920-1922 le bâtiment du Riigikogu, parlement estonien, conçu par les architectes Eugen Habermann et Herbert Johanson. La façade, qui donne sur la cour rectangulaire, fut dessinée par l'architecte Boris Krümmer. Le bâtiment a trois étages et avec les quatre ailes fermées sur elles-mêmes, il suit précisément le plan de son prédécesseur. La façade principale, stricte, dont les fenêtres du premier étage sont ornées de granite foncé, donne sur une petite cour devant le passage. C'est le bâtiment où siège le parlement. Chacun des 101 députés a sa place fixe dans la grande salle de style expressionniste, dont le détail le plus attractif est une voûte en accordéon de couleur jaune.

Les palais sur le haut rocher de Toompea ▸

La sculpture „Linda en deuil" dans le parc de Lindamägi

Légende

Linda, la veuve de Kalev, héros épique et souverain des Estoniens, pleura plusieurs mois la mort de son époux bien aimé. Elle couvra son tombeau de grandes roches, désirant monter un monument digne de son mari. On retrouve encore ce tombeau à Tallinn de nos jours - un rocher de 50 mètres de hauteur : Toompea.

Hôtel Stenbock

Le bâtiment sis Rahukohtu 3 connut pendant son histoire de nombreux propriétaires.

Le bâtiment principal à deux étages en pierre calcaire est connu comme la résidence du comte Stenbock. De style classique strict avec une façade simple et symétrique, sa seule décoration est un balcon appuyé sur six colonnes doriques. Conçu initialement par l'architecte Johann Caspahr Mohr pour la Cour de Justice de province, l'hôtel fut acquis par le comte Jakob Pontus Stenbock pour sa résidence d'hiver, une fois les travaux finis, en 1792. L'hôtel connut différents occupants depuis sa construction. L'administration de la chevalerie y siégea pendant plusieurs décennies. En 1891 la Cour de Justice de première instance s'y installa, institution qui a également donné son nom à une rue latérale (Rahukohtu).

L'Hôtel Stenbock sur la pente nord de Toompea

En 1987 la Cour de Justice déménagea dans ses nouveaux locaux et le bâtiment fut abandonné. Des travaux de restauration commencèrent en 1996 et depuis 2000 c'est **le siège du Gouvernement et du cabinet du 1er Ministre** (Chancellerie d'État).

L'hôtel Stenbock est un immeuble remarquable et sa façade au-dessus de la pente nord de la ville haute fait partie intégrante de la silhouette de Tallinn.

Le siège du Gouvernement de la République et de la Chancellerie d'État- l'Hôtel Stenbock

Bâtiment de la Chevalerie

La ville haute, habitée à l'époque par les familles nobles et le clergé a gardé ses beaux palais. Au 18ème siècle la Chevalerie d'Estonie fit construire ici sa nouvelle résidence. Avec le temps ce bâtiment est devenu trop petit et dans les années 1845-1848 on rajouta une aile de style néoclassique dont la façade donne sur la place du Dôme. Le bâtiment fut dessiné par Christoph August Gabler, architecte de la province, mais la façade, plus moderne, fut conçue par Georg Winterhalter, architecte allemand venu de St. Petersbourg. Au premier étage quelques-unes des salles de réception et la salle d'Assemblée de la chevalerie de style éclectique, sont telles qu'à l'origine.

Expositions dans le bâtiment de la Chevalerie

Après la seconde Guerre Mondiale la Maison de la Chevalerie abrita **la Bibliothèque Nationale**, mais depuis 1991, ses salles sont au service du **Musée National des Beaux-Arts**. Les expositions d'été présentent habituellement les travaux des artistes estoniens du début du 19ème siècle jusqu'à la seconde Guerre Mondiale. Les expositions d'hiver présentent les arts estonien et étranger contemporains.

Le bâtiment de la Chevalerie abrite le Musée National des Beaux-Arts

Hôtel de ville

L'Hôtel de ville de Tallinn est le seul bâtiment moyenâgeux des pays baltes et de la Scandinavie ayant subsisté jusqu'à nos jours. En pierre calcaire de style gothique tardif il fut construit pour le siège du magistrat de la ville, institution qui décidait des questions les plus importantes de la vie de la ville basse, dans les années 1402-1404.

Au sous-sol et au rez-de-chaussée se trouvaient la trésorerie, la cave à vins et les locaux pour leur vente. Le premier étage était plus important avec la salle des citoyens, décorée de colonnes multicolores, la salle des magistrats, la petite cuisine et le bureau du comptable.

La girouette au sommet du svelte beffroi d'une hauteur de 61,5 mètres est une statue en cuivre représentant un ancien gardien qui surveille la ville. Installée en 1530 et bien aimée des habitants de la ville, qui lui ont donné le nom de **Vieux Thomas**, elle est devenue le symbole de Tallinn. Le bombardement de la ville par l'Armée Russe en 1944 incendia la tour et la girouette fut remplacée par une copie identique. L'original du 16ème siècle se trouve dans la salle des citoyens de l'Hôtel de ville.

La façade du bâtiment est décorée par des gouttières en cuivre représentant **deux têtes de dragon** colorées. **Un anneau en fer** est encore accroché à un des piliers de la galerie; à cet endroit, les voleurs, les assassins et autres criminels étaient enchaînés à la vue

Éléments décoratifs de la façade de l'Hôtel de ville ▸

L'Hôtel de ville et la place de l'Hôtel de ville au centre de la vieille cité de Tallinn

Le Vieux Thomas, gardien de Tallinn, girouette du beffroi de l'Hôtel de ville
La salle des Citoyens et la salle des expositions de l'Hôtel de ville

Terrasses sur la place de l'Hôtel de ville

des citoyens et en guise d'exemple convainquant. Ce petit pilori remplaça au 19ème siècle le grand pilori, colonne en pierre surmontée de la statue en bois d'un homme muni de verges.

À l'intérieur de l'Hôtel de ville sont exposées quelques œuvres d'art : des sculptures en bois de l'époque gothique représentant des leçons de morale, des tableaux baroques sur les lunettes au-dessus des portes, une frise sculptée sur bois dite « étagère des chopes ». Aujourd'hui l'Hôtel de ville médiéval est réservé aux festivités, réceptions officielles, concerts, expositions et autres activités culturelles.

Derrière le bâtiment de l'Hôtel de ville se cache celui de **la prison**. Construit au 15ème siècle, il servait à calmer les braves hommes arrêtés par les gardiens pour tapage nocturne. Au sous-sol, les prisonniers en détention préventive étaient enchaînés au mur. Aujourd'hui dans les locaux de l'ancienne prison s'est installée une filiale du **musée de la ville** abritant des expositions d'art photographique.

Le bien-être de Tallinn a toujours été lié au commerce. Déjà avant la construction de l'Hôtel de ville la place servait de marché, de lieu de festivités, mais aussi de lieu de punition des délinquants. De nos jours la place reste l'endroit le plus populaire de la vieille ville. En été les cafés installent ici leurs terrasses. On y organise de nombreux concerts et des foires d'artisanat de style moyenâgeux.

Le premier sapin de Noël fut dressé sur la place en 1441. La tradition se maintient au fil des siècles et chaque année les habitants de Tallinn, ainsi que de nombreux visiteurs, peuvent admirer le sapin décoré au milieu du va-et-vient du marché de Noël.

La place joue aussi un rôle important pendant **les journées de la vieille ville**, festival organisé chaque année au début du mois de juin, où se mélangent le carnaval moyenâgeux et les distractions contemporaines. Chaque rue et chaque cour se transforme en marché, en scène ou en atelier. Les concerts et les spectacles se suivent les uns après les autres. La compétition de tir à l'arbalète et l'élection du Comte de Mai font partie des traditions les plus pittoresques.

L'arbre de Noël sur la place de l'Hôtel de ville

Le comte et la comtesse du mois de Mai

Festivités et foires médiévales dans la vieille ville de Tallinn

Les dalles en "L" sur la place de l'Hôtel de ville

Légende

Près de la Pharmacie du magistrat deux dalles dans le pavement forment une moitié de croix. En 1695, un prêtre qui, en colère, avait tué la servante de l'auberge "Riga", fut décapité à cet endroit. Selon des documents authentiques, aucune autre exécution publique n'a eu lieu sur la place. La place de l'Hôtel de ville, c'est le cœur de la ville basse. Depuis des siècles ses habitants se retrouvent ici pour des affaires ou des rendez-vous entre amis.

Le Dôme

En **1240**, sous le règne de Valdemar II, roi du Danemark, **l'église de Tallinn dédiée à la Vierge fut nommée Dôme de l'évêché d'Estonie**.

Les projets prévoyaient que l'église soit entourée d'un couvent, mais en raison de désaccords entre la Chevalerie et l'Ordre des Dominicains, il ne fut jamais construit à Toompea. Les travaux de reconstruction du Dôme en basilique à trois nefs durèrent deux siècles.

Les consoles gothiques des voûtes, les formes simples et austères, les motifs romanesques de la sacristie et l'absence de clocher à l'ouest indiquent la présence de maîtres cisterciens. L'axe longitudinal du Dôme est un peu décalé par rapport à la direction traditionnelle est-ouest, il est en effet orienté sud-est et nord-ouest. Le portail se trouve dans le mur méridional et le mur ouest, l'endroit réservé habituellement au portail, fait 3 mètres d'épaisseur. En 1524 les églises de la ville subirent les effets de la Réforme alors que sur la colline l'aristocratie garda sa foi catholique.

Le Dôme n'est devenu **luthérien** que sous la domination suédoise en **1561**. Le 6 juin 1684 se déclara le plus grave incendie dans l'histoire de Toompea. Le feu détruisit l'intérieur en bois et endommagea les décorations en pierre calcaire du Dôme. Les travaux de restauration commencèrent sans délai. La chaire de style baroque (1686), l'autel et plusieurs épitaphes des familles nobles proviennent de l'atelier du sculpteur sur bois **Christian Ackermann**.

La Place du Dôme

La collection de 107 **armoiries - épitaphes et arbres généalogiques** polychromes de la Chevalerie d'Estonie, dont le plus ancien date de 1686, constituent le trésor du Dôme. Plusieurs dalles tombales du 13ème au 18ème siècle, formant le plancher de l'église, survécurent à l'incendie. Dès la Renaissance les nobles aisés firent édifier des sarcophages en pierre sur les tombes familiales. Le monument tombal du général suédois Pontus de la Gardie et de son épouse Sophia Gyllenhelm, achevé par le tailleur de pierre Arent Passer en 1595, constitue un patrimoine précieux. Le monument tombal de Samuel Greigh, amiral russe d'origine écossaise, fut taillé en Italie sur l'ordre de l'impératrice.

Du 15ème au 17ème siècle plusieurs chapelles furent construites autour du Dôme. Celle à coté de l'entrée principale fut destinée dès la fin du 17ème siècle à accueillir les tombeaux de la famille noble Fersen. Les loges des familles Patkul et Mannteuffel ainsi que l'orgue du maître Sauer de Berlin, d'une haute qualité acoustique, sont remarquables. Le Dôme appartient à la paroisse luthérienne évangélique d'Estonie.

Le Dôme vu de la rue Kohtu

Le Dôme vu du sommet de la tour Pikk Hermann

Armoiries-épitaphes et arbres généalogiques des familles nobles

Légende

À l'époque habitait à Tallinn un véritable Don Juan local - Otto Johann Thuve. Il était sociable, aimait bien manger et boire et son titre de noble lui ouvrait le cœur des dames. Avant sa mort il se convertit et demanda à être enterré devant le portail du Dôme afin que tous ceux qui y entrent passent au-dessus de sa tombe et trouvent ainsi le salut.

L'église St Olaf

L'église St Olaf tient son nom du roi de Norvège **Olaf II**, qui régna de 1015 à 1028. L'église fut mentionnée pour la première fois en **1267**, on ignore par contre sa localisation exacte et son aspect extérieur. On peut juste supposer qu'elle était située dans la rue Laboratooriumi où se trouve de nos jours **l'église catholique ukrainienne**. Plus tard, l'école de catéchisme de la paroisse prit place dans l'entrepôt médiéval, dont les voûtes en bois furent endommagées par l'incendie de 1998. Le nouveau propriétaire changea la tour intérieure : la petite salle de services a maintenant une petite loge et cache, sous le plancher pliant, une salle de réunion avec une cheminée ouverte.

L'église St Olaf- église du quartier ▸

Vraisemblablement, **les entrepôts des marchands scandinaves** et l'église St Olaf se trouvaient déjà dans ce quartier au 12ème siècle. En 1267 on en fit donation au couvent féminin cistercien. Des travaux d'ampliation de l'église commencèrent au début du 14ème siècle. Les voûtes de l'église datent probablement de **1330**, cette date fut trouvée sur une dalle avec le bas-relief de St Olaf. Le plafond plat fut transformé en basilique avec trois nefs et un haut clocher dans les années 1436 à 1470. Les habitants du quartier furent les paroissiens de la nouvelle église de St Olaf.

Cet édifice moyenâgeux, **le plus haut de Tallinn**, avec une nef centrale de 31 mètres **de hauteur**, possédait aussi **le clocher le plus haut du monde** (159 mètres). En raison de sa hauteur la tour fut incendiée à plusieurs reprises par les éclairs. Les incendies de 1625 et 1820 ne laissèrent que les murs et les voûtes. Pendant les derniers grands travaux de reconstruction de 1829 à 1840, l'empereur de Russie, Alexandre I, fit une donation de 40 000 roubles d'or pour rendre à l'église son apparence moyenâgeuse. À sa demande, le coq, habituellement placé au sommet du clocher, fut remplacé par une croix. Le soutien du tsar orthodoxe à l'église luthérienne était lié au fait que, déjà à l'époque, le centre moyenâgeux de Tallinn attirait l'élite russe. Le clocher reconstruit après l'incendie de 1820 s'élevait "seulement" à 123,7 mètres de hauteur. **La tour de 159** mètres **fut détruite auparavant par l'incendie de 1625** . L'église appartient maintenant à l'église luthérienne évangélique d'Estonie, qui la loue à la paroisse baptiste.

Orgue construit en 1842 par l'entreprise „E.F.Walker"

◂ Vue du sud-ouest de l'église St Olaf

Cénotaphe de Hans Pawels

Légende

Autrefois les tallinois voulaient faire connaître leur ville dans le monde entier. Pour attirer les visiteurs il fallait trouver une curiosité qu'on puisse voir de loin. Si tôt dit, si tôt fait ils décidèrent de construire la plus haute église du monde. Ils trouvèrent un maître capable de surveiller les travaux, mais qui demandait une somme énorme. Comme personne ne le connaissait, il eut l'idée de proposer de travailler gratuitement à condition que les tallinois devinent son nom. Un des gardiens le devina par hasard et appela le maître par son nom au moment où celui-ci déposait la croix au sommet du clocher. Surpris, le pauvre tomba de toute la hauteur du clocher. Il avait probablement conclu un contrat avec le diable car un serpent et un crapaud sortirent de sa bouche, et au même moment, tous les trois furent transformés en statues qu'on peut encore voir de nos jours sur le mur de la chapelle.

L'église St Nicolas

L'église St Nicolas fut fondée en 1230 par **des marchands allemands** venus de Gotland. Elle fut dédiée à St Nicolas, protecteur des marchands et des marins. Pour sa construction, les maîtres suivirent les traditions de Gotland et à la fin du 13ème siècle les travaux de l'église fortifiée prirent fin. Les niches qui soutenaient les troncs bloquant la porte, les meurtrières murées et l'espace protégé sur les voûtes ont été conservés jusqu'à nos jours. La plate-forme au sommet du clocher bas pouvait servir de support pour une catapulte. L'église St Nicolas est **la seule église fortifiée** de Tallinn. L'espace sur les voûtes était utilisé par les marchands comme **entrepôts**. Le portail principal se situe dans le mur septentrional dans le but d'être orienté vers le centre ville. Le portail décoré d'un bas-relief de feuilles de trèfle était l'entrée des femmes.

Au début du 15ème siècle les marchands s'enrichirent de telle sorte, qu'ils décidèrent d'entreprendre des travaux de reconstruction. À cette époque plusieurs chapelles furent construites autour de l'église. Les formes géométriques simples **de style gothique** montrent la présence de maîtres locaux. Malheureusement le terrain choisi s'avéra être une mauvaise base de construction et les faux calculs des architectes obligèrent à reconstruire l'église à plusieurs reprises. En 1427 les autorités de l'Ordre Teutonique installées dans la ville haute interdirent d'élever le clocher de l'église. Sa construction ne fut achevée qu'en 1515. En 1524, l'église St Nicolas fut épargnée du pillage des églises catholiques, suite à la Réforme, grâce à son gardien qui avait versé du plomb dans les serrures des portails. Le lendemain, le magistrat ordonna d'éliminer la majorité des autels catholiques.

En mars **1944**, l'église fut incendiée par le bombardement des troupes russes. Le toit, le clocher et une grande partie de l'intérieur furent détruits. C'est seulement en **1984** que l'église rouvrit ses portes transformée en **musée et salle de concert**. Des objets du patrimoine mondial y sont exposés : autels moyenâgeux de Bruges, de Bruxelles et de Lubeck. **L'autel principal**, travail du maître Hermann Rode de Lubeck et le fragment du tableau „la Danse Macabre" de Bernt Notke, son compatriote, constituent un précieux patrimoine d'une valeur inestimable.

Extrait du tableau „ La Danse Macabre" de Bernt Notke ▲
L'église St Nicolas vue du nord-est

Légende

Parmi les curiosités de Tallinn figurait en 1843 une « momie naturelle du duc de Croy » exposée à l'église St Nicolas. Le duc de Croy est né en 1650 en Belgique. Il servit les armées du Danemark, d'Autriche, de Pologne et de Russie. Pendant la Guerre du Nord il fut prisonnier des Suédois, qui le convoyèrent à Tallinn et y fut libéré sur sa parole d'honneur. Le duc, qui voulait mener une vie de plaisirs, demanda un crédit aux marchands de Tallinn. Alors que les autres prisonniers furent envoyés à Stockholm, lui fut détenu à Tallinn à la demande de ses créanciers. Après sa mort inattendue, en 1702, ces derniers interdirent de l'enterrer jusqu'à ce que toutes ses dettes soient payées. Découvert 118 ans plus tard, son corps s'était momifié. Il fut posé dans un coffre en verre où il était exposé aux visiteurs dans l'église St Nicolas. Au prix d'un bon pourboire on pouvait demander au sacristain de le sortir du coffre. En 1897, son apparence ne permettant plus une exposition publique, le duc fut enfin enterré.

Le retable en forme de triptyque de l'église St Nicolas

L'église St Nicolas vu du sud-est

L'église St Nicolas, église du quartier

L'église du St Esprit

Le plus ancien bâtiment sacré de style gothique de Tallinn, **l'église du Saint Esprit**, fut construit pour **l'Hôtel Dieu** mitoyen au 13ème siècle. Le refuge et l'hôpital, l'Hôtel Dieu du St Esprit, abritaient les pauvres malades et sans domicile. Le malade capable de manger deux petits pains était considéré comme guéri et ne nécessitant plus de soins. L'église, comme de coutume pour les églises des Hôtels Dieu, avait deux nefs. Ses voûtes datent du 14ème siècle. L'orientation de l'église du nord-est au sud-ouest est une **exception**. Le clocher, construit seulement dans les années 1430, fut reconstruit après les incendies de 1684 et 2002. Sa forme actuelle date de 1688 et les frontons à marches du 17ème siècle. L'église est connue également comme **la chapelle du magistrat**, dont les séances solennelles avaient lieu dans ces locaux. L'espace sur les voûtes était utilisé comme entrepôt.

L'église abrite plusieurs objets d'art, dont le plus précieux est **l'autel principal** - travail de l'atelier de **Bernt Notke**, maître de Lubeck (1483). L'église abrite aussi la chaire la plus ancienne de Tallinn, dont la création daterait de 1597. La décoration de la balustrade - 57 tableaux représentant des scènes de la Bible forme „la Bible des pauvres" (biblia pauperum) de l'époque baroque (17ème siècle). Le cadran taillé de l'horloge de l'église, travail de Christian Ackermann, maître local le plus connu de l'époque, date de **1684**.

La cloche la plus ancienne d'Estonie (1433), dont le texte indique qu'elle sonne de la même manière aux domestiques et aux maîtres, fut endommagée pendant le dernier incendie de 2002 et est maintenant conservée à l'intérieur de l'église.

Après la Réforme, l'église du Saint-Esprit fut la première à accueillir une paroisse estonienne. Plusieurs pasteurs de cette église ont laissé leur empreinte dans l'histoire du pays. Johan Koell participa à la traduction de l'allemand vers l'estonien du catéchisme édité à Wittenberg en 1535. Dans ce premier livre imprimé en estonien, les textes estonien et allemand étaient présents parallèlement. Balthasar Russow, un autre pasteur de cette église, est l'auteur de „Chronica der Prouintz Lyfflandt" ("Chronique de la province de Livonie", 1578).

La petite chambre dans la partie nord-est de l'église servit d'abord pour le stockage des coffres, puis de chambre des fiancés, de nos jours elle **abrite** une petite boutique d'art. Dans cette église des services luthériens ont lieu plusieurs fois par semaine en anglais.

L'église du St Esprit vu de la rue Börsi käik

Légende

"Suivant votre commande et selon les coutumes et traditions j'ai peint le tableau pour l'église du St Esprit. Maintenant, moi, Berent Notken, compte recevoir de vous un salaire. Pourriez-vous, honorables et pieux citoyens et hommes d'église de Tallinn, me faire amicalement connaître, quand je pourrais recevoir la somme qui ne m'est pas encore parvenue. Ainsi, honorables messieurs, je vous fais part de mes droits et reste dans l'attente de votre bien aimable réponse. Berent Notken (Vieux Tallinn III, Bernt Notke et autel principal de l'église du St Esprit, Tiina Kala).

L'église du Saint Esprit - vue du beffroi de l'Hôtel de ville. Au premier plan la place de l'Hôtel de ville

La nef septentrionale de l'église du St Esprit

La plus ancienne chaire conservée de Tallinn

Le retable, travail de l'atelier de Bernt Notke

L'église de la Transfiguration

Le bâtiment sacré le plus petit et le **plus ancien** de Tallinn est celui de la **cathédrale orthodoxe apostolique de la Transfiguration**. Dès 1219, les Danois construisirent à cet endroit la chapelle **St Vincent** pour célébrer leur victoire sur les Estoniens. En **1249** l'ordre cistercien obtint la chapelle ainsi que les droits de construire aux alentours **le couvent féminin dédié à St Michel**. Le couvent devait offrir un refuge pour les veuves et les filles non mariées des familles nobles du Nord de l'Estonie. Durant son histoire, le bâtiment subit de nombreuses reconstructions, mais garda ses murs et voûtes moyenâgeux. De la Réforme jusqu'en 1629, le bâtiment du couvent abritait une Institution pour les filles des familles nobles. L'église du couvent servait déjà à l'époque **la garnison suédoise** et en **1631** elle fut rendue à son usage. Sur ordre de Gustav II Adolf, roi de Suède, une partie des salles du couvent fut transformée en lycée, fondé par lui-même en 1631. L'église fut la paroisse luthérienne des Suédois et des Finlandais jusqu'en 1716, date à laquelle elle fut transformée en **église orthodoxe de la garnison russe**. Depuis cette date elle porte le nom de la Transfiguration.

L'iconostase de style baroque, travail de l'atelier d'Ivan Zarudnoi de St Petersbourg, date de **1732**.

L'iconostase **avec une décoration sculptée sur bois** chargée et dorée, est dédié à deux saints - St Pierre et St Paul. Les sujets des icônes **représentent** la Transfiguration. Quelques temps plus tard la petite tour de l'église St Michel fut remplacée par un clocher plus haut. Les travaux de reconstruction des années 1827-1830 transformèrent définitivement l'extérieur de l'église : une coupole fut construite et la forme des fenêtres changée.

La paroisse s'est divisée en 1900, quand les travaux de construction de la cathédrale d'Alexandre Nevski dans la ville haute furent terminés. Avec la proclamation de la République d'Estonie la langue des services religieux changea et la paroisse fut subordonnée au Patriarche de Constantinople. L'église abrite le sarcophage et le buste de l'évêque Platon, premier évêque orthodoxe d'origine estonienne, exécuté par les bolcheviques en 1919. Il fut canonisé en 2001, par Aleksius II, Patriarche de toute la Russie. Depuis 1996 l'église orthodoxe apostolique de la Transfiguration est de nouveau subordonnée à Constantinople, après plusieurs décennies, et suit le rite orthodoxe grec.

En 1998, lors des derniers grands travaux de restauration de l'ancien bâtiment du couvent St Michel, plusieurs salles du rez-de-chaussée et du sous-sol, dont les plafonds voûtés datent du 13ème siècle, furent ouvertes au public. Le réfectoire de l'ancien couvent fut transformé en salle des fêtes et la cave en cantine du Lycée Gustav Adolf.

L'église de la Transfiguration

Légende

Le Rédempteur, crucifié à cause de ses péchés apparut à Eric, roi du Danemark. Pour être sauvé il devait construire un couvent et le dédier à l'archange St Michel. Le couvent devait se trouver à un endroit où, en plein été, la neige s'étalait sur un territoire plus vaste que la portée d'une flèche d'arc. Les messagers ne trouvèrent de la neige qu'en Estonie. Plusieurs maîtres de construction débarquèrent à Tallinn et le couvent fut rapidement construit.

L'église St Nicolas thaumaturge et la cathédrale Alexandre Nevski

L'église St Nicolas Thaumaturge fut construite en 1827 dans le style classique. Une église se trouvait déjà à cet endroit au 15ème siècle. En 1686 le tsar russe fit une donation de précieux icônes à l'église, qui furent plus tard transférés dans le nouveau bâtiment.

Quand l'Estonie fut ratachée à la Russie au début du 18ème siècle, la noblesse allemande obtint le privilège de pratiquer sa religion luthérienne. La conversion de la population locale fut alors fort compliquée. Le nombre des orthodoxes augmenta dans un premier temps grâce à l'arrivée des troupes russes. Au 19ème siècle commença une large campagne de conversion des luthériens à la religion orthodoxe.

Les travaux de la construction de **la cathédrale Alexandre Nevski**, la plus grande église orthodoxe de Tallinn, conçue par l'architecte M.Preobrazenski, furent achevés en **1900**. Les mosaïques de A.Frolov au-dessus des entrées sont de valeur unique dans la région. Les clochers de la cathédrale abritent 11 cloches, dont une qui mesure 3 mètres de hauteur et pèse 15 tonnes. Elle est la plus grande des pays nordiques.

Cette nouvelle cathédrale changea complètement le panorama de Tallinn. Les cinq coupoles byzantines dorées, comme des «intruses» exotiques, se dressent parmi les clochers et beffrois sveltes de style gothique et baroque. La construction de la cathédrale fut **une décision politique**, celle d'augmenter l'influence des autorités russes dans la région. La technique de construction utilisée, blocs de granite liés par des raccords en plomb, garantit la stabilité du bâtiment pour des siècles.

Les deux églises sont construites suivant les principes orthodoxes: elles sont parfaitement symétriques par rapport à l'axe longitudinal. La grande coupole symbolise le ciel et est décorée d'étoiles. Plus bas les fresques triangulaires représentent les quatre évangélistes. Chaque icône et Saint a sa place hiérarchique réglementée sur l'iconostase ainsi que sa place précise dans les locaux de l'église. L'iconostase décorée et dorée cache l'autel, réservé aux seuls prêtres, de paroissiens. Les portes royales ne sont ouvertes que lors des services pendant lesquels les paroissiens restent debout. L'autel symbolise le Paradis sur la terre et rester debout, c'est se mettre sur la route vers le Paradis. Des prières et le «Credo» orthodoxe en ancien slave sont peints aux murs. La tradition veut qu'il n'y ait pas d'instrument musical accompagnant le chant pendant les services.

Les deux églises sont soumises au patriarche de Moscou et suivent le rite **orthodoxe russe**.

La cathédrale Alexandre Nevski

Légende

Toompea, la colline où se trouve la ville haute, est le tumulus funéraire de Kalev, héros épique des estoniens. Les rochers furent apportés par Linda, sa veuve. Pendant les travaux de construction des fondements de l'église une porte en fer fut découverte sous les rochers avec l'inscription: « Maudit soit celui qui perturbe ma paix ». Les travaux continuèrent, mais bientôt de grandes lézardes apparurent et les murs faillirent tomber en ruines. Certains y virent un signe de l' avènement du jugement dernier, quand le peuple soumis se redresse et restaure les droits de ses ancêtres.

Le couvent des dominicains

L'église Ste Catherine, la plus ancienne et la plus longue (67,7 mètres) appartenait à **l'Ordre des dominicains**, fondé en 1215, qui arrivèrent à Tallinn les premiers après les chevaliers. Ils quittèrent la ville en 1233 à cause de malentendus pour y revenir 13 ans plus tard en **1246**, et furent les premiers à obtenir la permission de construire leur couvent dans la ville basse. Les quatre ailes du couvent fermées sur elles-mêmes abritaient l'église, dortoir, le réfectoire, la bibliothèque, la chapelle de l'adoration permanente, la salle basse et voûtée du chapître, la cuisine et les granges. Déjà au 13ème siècle fut fondée à coté du couvent la première **école** de la ville basse où les garçons, également d'origine estonienne, suivaient leurs études en latin. Les moines dominicains étaient très cultivés. En effet à l'éducation de base suivaient trois ans d'études de théologie, six ans de philosophie, trois ans d'"arts libres" et pour terminer, trois ans d'études générales dans une des universités d'Europe.

Le couvent se situait sur une voie importante menant du marché au port, endroit qui convenait bien pour prêcher et recevoir des dons. Plusieurs prières étaient dites pour les membres de **la Confrérie des Têtes Noires**, donateurs généreux du couvent. **Le pillage spontané des églises** du 14 septembre 1524, suite à la Réforme, eut des conséquences dramatiques pour le couvent qui dût fermer ses portes. Les locaux furent donnés à l'école publique de la ville basse et l'église à la paroisse estonienne. L'incendie de 1531 détruit définitivement le couvent, et à la fin du 16ème siècle les ruines abritaient les masures des pauvres.

Au 18ème siècle la paroisse catholique élargie nécessita de nouveau son église. Le réfectoire du couvent fut détruit et en **1844** fut célébrée la première messe dans **l'église** de style néoclassique de **St Paul et St Pierre**. Dans les années 1954-1965 les locaux du couvent furent restaurés et ouverts plus tard comme musée d'art de la taille sur pierre. L'exposition compte des bas-reliefs, des colonnes, des dalles taillées trouvées dans différents bâtiments de la vieille ville de Tallinn. Du 15ème au 17ème siècle les travaux des maîtres tallinois furent aussi exportés à l'étranger. Dans l'ancienne église du couvent des messes sont encore célébrées et les locaux sont souvent loués pour des événements culturels.

La galerie du 2ème étage

Légende

Après l'incendie du vieux couvent ses locaux furent aménagés pour une imprimerie et une ferblanterie. On garda les caves et les pierres tombales couvrant les planchers. Le patron de l'imprimerie entendait souvent ses machines travailler la nuit. Pourtant, quand il ouvrait la porte, un silence absolu se faisait. Il arrivait aussi des choses bizarres dans l'atelier en-dessous : soit les ouvriers trouvaient le matin l'atelier couvert de cendres, soit il "pleuvait" des pierres en plein jour.

La galerie ouest ▸

Pierres taillées des 16ème et 17ème siècles

La muraille

Le document le plus ancien mentionnant la nécessité de fortifier la ville basse, date de 1265 et est signé par Marguerite du Danemark. Les travaux de construction débutèrent aussitôt sous la direction de plusieurs maîtres. La muraille se composait alors de plusieurs fragments de différentes hauteurs. Les constructions des murs étaient simples, la muraille était aussi beaucoup plus basse et plus étroite qu'aujourd'hui. Au Moyen Âge le système de fortification de Tallinn se composait de deux forteresses séparées: la ville haute et la ville basse.

Pendant six siècles les travaux de modernisation n'ont jamais cessé et dépendaient de l'évolution des armes militaires. La première phase des travaux prit fin au milieu du 14ème siècle. La muraille comptait alors six portes vers l'extérieur et deux portes qui reliaient les deux forteresses et s'ouvraient vers la ville haute. La muraille qui entourait la ville basse en longeant la colline, garantissait sa sécurité militaire et son indépendance politique. Une galerie en bois, couverte par un toit, parcourait le bord de la muraille dans toute sa longueur. La forme des meurtrières variait suivant les armes utilisées - arbalètes, catapultes, canons.

Jusqu'au 15ème siècle la préférence allait à un système de défense "vertical". Les fossés remplis de l'eau du lac Ülemiste, à quelques kilomètres de la ville, offraient une protection supplémentaire à l'enceinte et aux tours. Près des trois portes furent construits des moulins à eau qui servaient les habitants et dont les étangs faisaient partie du système de fortification.

Plus tard **les bastions**, fortifications en terre de forme pentagonale avec des positions de tir dans plusieurs directions, renforcèrent le système de défense. Les bastions permettaient d'optimiser les positions des soldats et des canons en les protégeant des feux d'artillerie des ennemis.

Le renforcement de l'artillerie contribua à amoindrir l'importance des tours de défense construites au Moyen Âge. Les bastions garantissaient une protection efficace des tours fragiles.

La muraille moyenâgeuse du début du 16ème siècle était un des systèmes de défense le plus étendu et le plus puissant en Europe septentrionale. La longueur des murs atteignait 2,35 km, la hauteur 15,9 mètres et l'épaisseur 3 mètres. L'enceinte comptait 8 portes et 19 tours. Six portes donnaient à l'extérieur et deux portes vers la ville haute.

En 1530 la muraille de la ville basse comptait déjà 46 tours de défense, la longueur des murs, y compris les portes doublées, atteignait 3 kilomètres. Le système comprenait aussi des douves, des constructions spécifiques dans le port et des barrages pour

La muraille avec la galerie de défense en bois

La muraille avec les tours de défense conservées

l'alimentation des moulins à eau. La grande forteresse de la ville haute fut entourée d'une muraille d'un kilomètre, pourvue de nombreuses tours et de plusieurs portes. Au 16ème siècle la Guerre de Livonie offrit l'occasion de travaux complémentaires : les portes et les tours furent fortifiées, les remblais haussés et les douves approfondies.

À cette époque, Tallinn vit se dresser les premiers bastions sur la pente sud de la ville haute, pour protéger la tour **Pikk Hermann**. Il fallut aussi terrasser la porte Viru et la tour d'artillerie **Kiek in de Kök**.

Le 17ème siècle - rattachement de Tallinn au royaume suédois - fut l'âge d'or de la construction des bastions. Le siècle suivant vit seulement la fortification de remparts affaiblis et la construction des redoutes petites fortifications isolées. Toutes les redoutes portaient des noms d'officiers suédois de haut rang Patkul, De la Gardie, Stuart, Strömberg. Des 36 fortifications de terre seulement trois bastions plus grands, deux redoutes et une partie des remparts survécurent. Les bastions mis à niveau et les remparts constituent maintenant un paysage pittoresque de parcs et de boulevards autour de la vieille ville. Le dernier fragment des douves rempli d'eau conservé, près de l'ancienne redoute de Patkul, s'appelle étang de Schnell, d'après le nom du jardinier de la ville qui aménagea le parc tout autour. Bien que les travaux de construction des fortifications n'aient pas cessé à travers les siècles, à partir du 17ème siècle la muraille n'était plus suffisante pour assurer la protection de la ville. L'augmentation de la puissance des armes à feu affaiblit l'importance de la muraille et renforça celle des bastions. Néanmoins, la muraille d'une longueur de 1,85 km et les 27 tours entourant la vieille ville, constituent un des plus précieux patrimoine de Tallinn.

La muraille en pierre calcaire compte 1,85 kilomètres de longueur ▸

La muraille et les tours Tallitorn, Neitsitorn et Kiek in de Kök

Défense de la ville

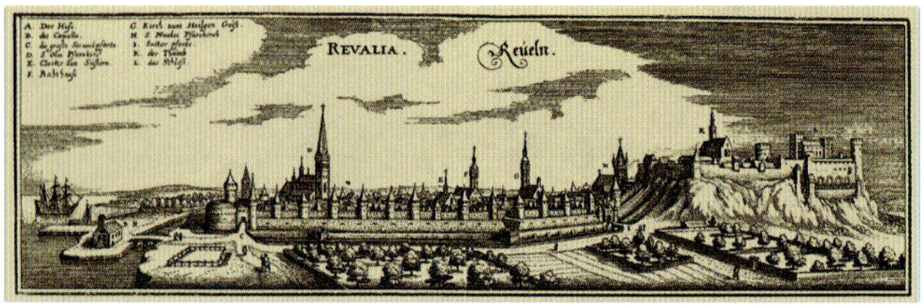

Les tours

Au 14ème siècle la ville basse était déjà entourée d'une enceinte en pierre calcaire, matériel de construction local le plus répandu, montée de plusieurs tours et percée de portes fortifiées. Deux siècles plus tard la longueur de la muraille atteignait 2 kilomètres, 46 tours s'élevaient au-dessus de cette complexe et puissante fortification. La forme des tours que l'on peut encore contempler de nos jours date de cette époque là.

En règle générale, la hauteur des tours est de 20 à 25 mètres et l'épaisseur des murs de 2 à 3 mètres. Les étages inférieurs furent utilisés comme prisons ou entrepôts, les étages supérieurs, liés par des galeries en bois, avaient des fonctions défensives. Les étages les plus hauts étaient ouverts constituant des plates-formes dont le sol étanche et solide résistait aux pesantes catapultes. Entre les guerres, les tours furent couvertes de toits provisoires, détruites en cas de guerre. Il y avait toujours une cheminée à l'un des étages.

Les tours de défense les plus importantes de la ville basse sont **Paks Margareeta** (La Grosse Marguerite) et **Kiek in de Kök**.

La tour d'artillerie, Kiek in de Kök, construite au 15ème siècle, a des mesures impressionnantes : 49,4 mètres de hauteur, 17 mètres de diamètre et les murs ont 4 mètres d'épaisseur. Un bastion amassé plus tard au pied de la tour cacha 12 mètres de sa hauteur. Kiek in de Kök compte six étages. Au rez-de-chaussée se trouvaient les réserves de munitions et quatre étages d'artillerie abritaient 27 canons. Les murs étaient percés par des meurtrières pour canons et autres armes à feu.

Le dernier étage s'ouvrait sur une plate-forme pour les catapultes. Les munitions étaient hissées à travers des trappes dans

Partie nord-ouest de la muraille

La muraille avant les travaux de reconstruction de 1936

Légende

Le nom de ce dernier indique en dialecte de la basse Allemagne "regarde dans la cuisine". Du haut de la tour, à travers les cheminées, les gardiens avaient vue sur les foyers des maisons proches, mais aussi sur les cuisines des ennemis qui siégeaient la ville.

La tour d'artillerie Kiek in de Kök

les voûtes des étages. A la fin du 17ème siècle la tour fut couverte par un toit.

Pendant la Guerre de Livonie la tour fut gravement endommagée. Elle fut réparée plus tard, mais on peut encore contempler de nos jours des boules de canon en fer et en pierre incrustées sur la façade, souvenirs du siège de la ville par les troupes russes. Dans les années 1958-1968 le travail des restaurateurs rendit la vie à Kiek in de Kök. Actuellement la tour abrite le musée d'histoire militaire. L'ambiance particulière et la bonne acoustique en font aussi un lieu de concerts, spectacles et expositions.

Des nombreuses tours de la ville basse, huit assuraient la défense des portes. Au 14ème siècle il s'agissait d'édifices bas, mais avec le temps ils gagnèrent en hauteur et leurs quatre étages s'élevaient à 20-25 mètres. Un des meilleurs exemples se trouve dans la rue Pikk Jalg (Longue Jambe), surmontant la porte qui sépare la ville haute de la ville basse. Au niveau du sol se trouve le passage, les étages supérieurs servaient aux défenseurs. La niche sur la façade, au niveau du premier étage, cachait la grille formée de troncs dont les mécanismes se trouvaient un étage plus haut. Au 15ème siècle la plupart des portes furent doublées. La défense de la porte extérieure était assurée par deux tours rondes.

Les tours de défense étaient habituellement circulaires, avaient une forme de fer à cheval ou de trois-quarts de cercle. Quelques-unes étaient rectangulaires, comme par exemple **Tallitorn** (la tour de l'écurie), la plus petite de la muraille. Les tours, basses dans un premier temps, furent élevées à 10-15 mètres de hauteur par la suite. D'autres tours rectangulaires plus massives furent également

Exposition au musée Kiek in de Kök

Les boules de canon sur la façade de Kiek in de Kök. Au fond Neitsitorn

27 tours de défense sont parvenues à nos jours

construites : **Kitsetorn** (tour de la chèvre) détruite par la Guerre de Livonie; la tour de **Strotling** transformée en une tour circulaire; **Neitsitorn** (tour de la vierge) près du jardin du roi de Danemark a gardé sa forme à travers l'histoire.

Au 14ème siècle cette dernière comptait trois étages. Cent ans plus tard la tour fut couverte d'une plate-forme ouverte, mais de nombreux travaux de reconstruction suivirent. Au début du 19ème siècle elle abritait des appartements d'artistes. Pendant les travaux de restauration, qui ont duré de 1968 à 1980, la tour fut couverte par un haut toit en tuiles. Un café fut aménagé dans les locaux moyenâgeux. En été, la galerie longeant la muraille mitoyenne offre une vue charmante sur la ville.

La partie la plus pittoresque de ce qui a été conservé de la muraille, se trouve au nord-ouest de la vieille ville. Les tours construites il y a 600 ans nous donnent un apperçu de la puissance et de la gloire des siècles passés - **Nunnatorn** (tour des religieuses), **Saunatorn** (tour du sauna), **Kuldjala torn** (tour du pied d'or), **Nunnadetagune torn** (tour derrière le couvent), **tour de Loewenschede**, **Köismäe torn** (tour près des ateliers des fabriquants de cordes), **tours de Plate, d'Epping et Grusbeke-tagune torn** (tour derrière la maison des Grusbeke). Toutes ces tours sont restaurées, les trois premières sont aussi ouvertes aux visiteurs. Au total 27 tours de la muraille de la ville basse subsistèrent jusqu'à nos jours.

Neitsitorn et le clocher de l'église St Nicolas

Les portes

La maille la plus fragile de la muraille était les portes, faisant l'objet de fréquentes reconstructions et fortifications. Six portes ouvraient Tallinn vers l'extérieur. Quatre d'entre elles furent détruites : **Väike Rannavärav** (la petite porte de la grève) au nord-est entre les rues Uus (nouvelle) et Vene (russe), **Karjavärav** (la porte du bétail) au sud-ouest, au carrefour des rues Suur-Karja (grande rue de bétail) et Müürivahe (rue entre les murs), **Harju värav** (la porte de Harju, région autour de Tallinn) au sud dans la rue Harju et **Nunnavärav** (porte des religieuses) à l'ouest sous les pentes de la ville haute dans la rue Nunne. Ont été conservées

La tour Paks Margareeta veille sur la rue Pikk

La porte et la tour de défense de la rue Pikk jalg

La partie ouest de la muraille vue de la ville basse

partiellement **Suur Rannavärav** (la grande porte de la grève) vers le nord, menant au port, et **Viru värav** (la porte de Viru - ancien nom de l'Estonie du Nord) vers l'est, entourée des deux tours de la porte extérieure. Les deux portes qui séparent la ville basse et la ville haute ont également été conservées.

Quelques portes doublées constituaient des fortifications remarquables. Par exemple la triple porte **Harju värav** fut fortifiée au 16ème siècle par deux tours circulaires. Malheureusement la plupart des portes n'ont pas subsisté jusqu'à nos jours. Elles furent détruites au début du 19ème siècle parce qu'elles gênaient la circulation des véhicules en ville.

Les portes extérieures étaient munies de pont-levis, permettant de passer au-dessus des remparts. Une grille et une porte massive fermaient les portails des passages en arc brisé. Les portes étaient souvent décorées par des niches et des dalles portant les armoiries de la ville.

Une des plus importantes, construite en même temps que la muraille, **Suur Rannavärav** (grande porte de grève), est mentionnée pour la première fois en 1359. Son rôle consistait en la protection de la ville du côté de la mer et à impressionner les visiteurs venant du port.

Pendant la reconstruction du début du 16ème siècle, une double porte fut construite à l'ouest à l'abri d'une tour élancée et à l'est d'une tour d'artillerie massive **Paks Margareeta** (la Grosse Marguerite). Sa forme de fer à cheval d'un diamètre de 25 mètres, sa hauteur de 22 mètres et l'épaisseur des murs de 4,4 à 6,5 mètres, devaient garantir la défense du port. Elle doit son nom probablement aux marins qui la saluaient en passant et biensûr à sa position de plus grande tour de la muraille. Les murs de Paks Margareeta ainsi que les autres édifices de Suur Rannavärav étaient percés de 32 meurtrières pour canons et 124 pour les autres armes à feu.

En 1529, à l'occasion de la fin des travaux, un bas relief, chef d'œuvre du tailleur de pierres le plus connu à Tallinn et dans les autres villes de la Ligue hanséatique, Gert Koningk, fut muré au-dessus du passage. Cette décoration en pierre calcaire qui représente des animaux mythiques et porte les petites armoiries de Tallinn est parvenue à nos jours.

Au 17ème siècle Suur Rannavärav se présentait comme un système défensif complexe avec son passage sous le terrassement, sa porte double et son pont-levis. Le bastion de Horn date aussi de cette époque. Plus tard il fut reconstruit au pied de Paks Margareeta et porte aujourd'hui le nom du bastion de la grande porte de grève.

Pendant des siècles cette tour d'artillerie servit d'entrepôt de munitions et de prison. Dès la création en 1935 du musée maritime, une exposition sur **l'histoire de la pêche et de la navigation** en Estonie y trouva sa place.

Une autre porte fortifiée, **Viru värav**, construite au 14ème siècle, surveillait le passage à l'est. Encore aujourd'hui les deux tours de la porte extérieure, comme deux gardiens, se dressent à l'entrée de la vieille ville du côté de l'Hôtel Viru. La tour intérieure rectangulaire et massive ainsi que l'ancienne porte extérieure formaient une cour intérieure et étaient complétées par un étang, une digue, des moulins à eau et des ponts.

Au 15ème siècle la porte extérieure fut reconstruite, un bâtiment à deux étages ainsi que deux tours venaient remplacer l'ancien édifice. La porte fut fortifiée par un terrassement avec un passage étroit.

Au 19ème siècle la tour principale fut détruite et l'entrée en ville dégagée. Les travaux épargnèrent les tours rondes de la porte

La tour d'artillerie Paks Margareeta

Suur Rannavärav au 16ème siècle (reconstruction de Rein Zobel)

extérieure ainsi qu'une partie des bastions. La pente sud, nommée aujourd'hui la colline des baisers, est couverte par un petit parc vert et fleuri. La pente nord fut cachée derrière les nouvelles maisons et fut transformée en cour fermée - une scène idéale pour les spectacles, les concerts et la foire médiévale.

En 1898 l'entrée dans la vieille ville fut complétée d'une tour ovale et de portails stylisés. Ce coin pittoresque de la ville basse attire les visiteurs .

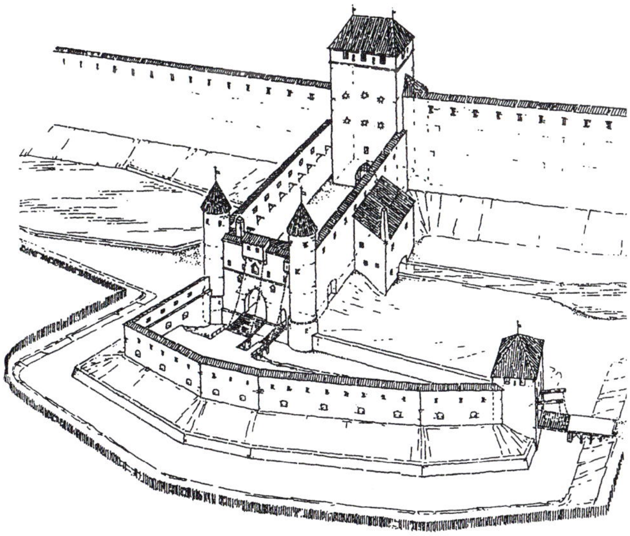

◂ *Viru värav 16ème siècle (reconstruction de Rein Zobel)*
Les tours de la porte extérieure et la rue Viru

La Grande Guilde

La Grande Guilde était au Moyen Âge la corporation **des marchands en gros**. Elle se sépara de la guilde de St Knud plus tard en 1325. C'était une corporation **laïque**, mais elle était étroitement liée à la paroisse de l'église du St Esprit. Seuls les membres de la Grande Guilde bénéficiaient du privilège d'être élus au Magistrat de Tallinn. Le premier bâtiment de la corporation devint bientôt trop petit et ne reflétait plus l'épanouissement économique de ses membres. Un nouveau bâtiment fut construit au carrefour de deux rues importantes Pikk et Lai. Les voûtes de la salle des fêtes datent de **1410** et les travaux de construction finirent en 1417. Pour la bonne présentation du nouveau bâtiment la moitié de l'ancien fut détruite, laissant ainsi se former une place triangulaire devant l'édifice. Aussi le fondement du nouveau bâtiment se trouva en retrait par rapport à la ligne de construction habituelle.

Le haut fronton triangulaire, la position symétrique des niches, le portail en arc brisé et les grandes fenêtres sont propres du **style gothique tardif**. Les fenêtres, dans un premier temps rectangulaires, furent reconstruites en arcs brisés gothiques au 19ème siècle. La croix blanche sur fond rouge, figurant sur la façade, servit en même temps aux petites armoiries de Tallinn ainsi qu'aux armoiries de la Grande Guilde, reflétant l'influence importante de la Grande Guilde dans la gestion de la ville. Les heurtoirs en cuivre en forme de têtes de lions, datant de 1430, sont des décorations remarquables. Les gens du Moyen Âge aimaient les symboles : les lions devaient protéger la maison et la propriété, la partie qui servait à frapper sur la porte, en forme de trèfle, symbolisait la Trinité et la présence de Dieu.

Le bâtiment de la Grande Guilde était le centre **des activités sociales**. Dans la grande salle avaient lieu les réunions des marchands, mais on la louait également pour les Diètes de la Chevalerie de la région Harju-Viru (Estonie du Nord) ou pour les fêtes de mariage des citoyens de la ville ou des nobles. Dès 1522 on pouvait y jouer aux quilles et en 1607 la Guilde acheta une nouvelle table de billard. La cave donnant dans la rue fut populaire pendant des siècles. Elle était connue comme la cave à vin - **"la douce caverne"**. La couche culturale s'étant élevée de 1,5 mètres du niveau du sol des escaliers furent construits pour y descendre. Le petit bâtiment près du passage dans la cour abritait la chambre des accises où l'on gardait les documents importants, l'argent et autres objets de valeur. Des autres salles, la plus remarquable est la **chambre des fiancés** où les jeunes mariés passaient leur nuit de noces.

Le passage à côté du bâtiment de la grande Guilde doit son nom à la bourse de Tallinn installée dans les locaux au 19ème siècle. Actuellement c'est **le musée d'histoire d'Estonie** qui y a trouvé sa place. La salle des fêtes est réservée à une exposition permanente d'histoire, à coté se trouve le cabinet des monnaies et une salle pour les expositions temporaires.

Le bâtiment de la Grande Guilde

L'entrée et la lanterne

Les trois bâtiments moyenâgeux furent renouvelés en 1864 dans un style pseudo gothique. **La Guilde de St Olaf** fut mentionnée pour la première fois en **1341**. Elle possédait deux bâtiments, rachetés plus tard par la confrérie des Têtes Noires qui les aménagea pour ses besoins. Le plafond en voûtes d'étoile de la salle des fêtes de la guilde de St Olaf, une des plus belles salles moyenâgeuses de la ville, fut restauré dans les années 1919-22. La salle de la guilde de St Knud fut également restaurée et sert de nos jours de salle de spectacles et de concerts.

Les guildes de St Knud et de St Olaf

Au début, **les guildes** étaient des associations à caractère religieux et caritatif qui réunissaient les habitants de la ville suivant leur nationalité; plus tard le métier exercé et le statut social devinrent les critères importants. Au Moyen Âge seul les hommes appartenant à une guilde pouvaient solliciter la citoyenneté. À côté de la Grande Guilde deux guildes plus petites furent fondées à Tallinn, celle de Saint Knud et celle de Saint Olaf.

Le protecteur de la première fut Knud Lavar, roi de Danemark (1096-1131). Cette guilde réunissait des artisans d'origine allemande ayant des métiers prestigieux. Le centre religieux de la guilde était **l'église St Nicolas**. La guilde de **St Olaf**, qui appartenait alors à la paroisse de **St Olaf**, réunissait les artisans d'origine suédoise ou estonienne moins prestigieux. Leur protecteur, le roi de Norvège Olaf II (1015-1028) fut l'initiateur du christianisme.

La **Guilde de St Knud** s'est installée dans la rue Pikk dès **1326**.

Voûtes médiévales de la salle de la Grande Guilde St Olaf

La Confrérie des Têtes noires

La Confrérie des Têtes Noires de la Livonie, territoire actuel **de l'Estonie** et **de la Lettonie**, était une organisation unique en Europe. Ses membres étaient des jeunes marchands célibataires. La confrérie organisait des festivités pour ses membres et pour les tallinois et assurait également la défense de la ville. La corporation fut fondée à Tallinn en 1399 et à Riga en 1414. Les membres de la confrérie avaient une grande popularité et leurs fêtes étaient des plus prestigieuses de la ville. Leur capacité de défense était examinée chaque année au printemps pendant des festivités qui comprenaient le tir à l'arc et le tournoi. Le gagnant était nommé comte de Mai et pouvait choisir sa comtesse parmi les plus belles filles. La confrérie possédait une collection remarquable d'armes, de portraits de souverains et de couverts en argent.

Les années qui suivirent la Réforme furent marquées par une baisse du rythme de construction, mais la confrérie possédait suffisamment de moyens financiers pour louer des locaux représentatifs et engager des projets de reconstruction dont le premier fut la grande salle en 1531. La façade de **style renaissance** fut renouvelée par le maître **Arent Passer** d'origine hollandaise, en 1597; elle est le seul exemple du maniérisme hollandais à Tallinn. Les bas reliefs en pierre représentent les armoiries des bureaux hanséatiques : Steelyard de Londres, La Cour de Pierre de Novgorod, Oosterlinghuis de Brugge et Tyskebruggen de Bergen. Au dessus des fenêtres du rez-de-chaussée on trouve les bas reliefs des souverains de l'époque (1592-1599) - Sigismund, roi de Suède et de Pologne, et son épouse Anna. Les bas reliefs des chevaliers en équipement de tournoi symbolisent la conduite chevaleresque des membres de la confrérie, qui une fois mariés devenaient membres de la Grande Guilde. Le bâtiment de la Confrérie, construit sur une pente, présente une architecture fort intéressante. La **Salle Blanche**, à laquelle on accède par l'entrée principale se trouvant au rez-de-chaussée, est en même temps au 2ème étage. **La cour fermée**, deux étages plus bas, s'est transformée en cave suite à la construction des maisons voisines. De nos jours ces locaux sont le lieu de réceptions, concerts et autres évènements culturels. Depuis la 2ème Guerre Mondiale la confrérie suit ses activités à l'étranger, plus précisément en Allemagne.

Dalle taillée sur la façade du bâtiment de la Confrérie des Têtes Noires

La façade de style Renaissance du bâtiment de la Confrérie des Têtes Noires

L'entrée principale

Le lavabo

Les armoiries de la Confrérie des Têtes Noires

Légende

La confrérie des Têtes Noires tient son nom de son protecteur St Maurice. Sur les armoiries de la confrérie firure le portrait de profil du Saint d'origine africaine, d'où les tallinois prirent le nom de la confrérie. La tradition raconte que Maurice était un légionnaire d'origine égyptienne, de Thèbes. Il fut choisi comme patron de la confrérie à cause de son courage et de son exemple ardant de chevalier chrétien pour les jeunes gens.

La pharmacie du Magistrat

La pharmacie du Magistrat est une des plus anciennes d'Europe, qui fonctionne dans les mêmes locaux depuis sa fondation. Elle fut mentionnée pour la première fois en **1422**, dans le contrat entre le Magistrat et le troisième pharmacien. S'étant enrichi, ce dernier acheta les bâtiments voisins de telle sorte que le bâtiment actuel de la pharmacie réunit trois édifices différents. À gauche, le petit bâtiment avec un passage voûté fut l'ancien bureau des mesures et poids, au centre se trouve la pharmacie elle-même et à droite l'ancienne maison du prêtre de la paroisse du St Esprit. La pharmacie appartenait au Magistrat depuis **1422**, qui recevait le loyer en argent, friandises, vin et papier. Le manque d'argent liquide obligeait les pharmaciens à exercer également le métier de médecin. Les pharmaciens de Tallinn venaient de la Livonie, de la Pologne, de l'Allemagne. La famille de pharmaciens la plus connue, la famille **Burchart**, est d'origine hongroise. Le premier représentant des Burcharts - Johann - signa le contrat avec le Magistrat en 1583. Durant les dix générations suivantes se succédèrent d'excellents pharmaciens et hommes d'affaires. À l'époque, la pharmacie faisait aussi office de club, on pouvait y prendre un verre de vin, se montrer et rencontrer des amis. J. Burchard VII fonda en 1802 un petit musée domestique, sa collection est maintenant dispersée dans plusieurs musées d'Estonie. Actuellement, en plus de la pharmacie, le bâtiment abrite un restaurant et une boutique d'antiquités.

L'Hôtel de ville vu de la Pharmacie du Magistrat
Détails de la Pharmacie du Magistrat

Légende

« En vente aujourd'hui : cire, papier, encre, tabac, pipes, bougies, poudre, tissus, clairette (vin sucré et aromatisé), Aqua vitae, gâteaux sucrés, médicaments faits de pierres précieuses, d'organes humains et animaux, de poudre de corne de capricorne, de vodka de muguet, d'huile d'ambre. »

La pharmacie du Magistrat

L'intérieur de la Pharmacie du Magistrat

Demeures des marchands

Les demeures moyenâgeuses des marchands de Tallinn sont simples. Seuls les marchands aisés pouvaient décorer les façades de leurs maisons. Le portail, toujours de style gothique, était en arc brisé, entouré de chaque coté par de grandes fenêtres rectangulaires. Le grand escalier extérieur devant la porte était décoré par deux dalles taillées en pierre calcaire, portant les armoiries des familles du propriétaire et de son épouse. Gênant la circulation ces escaliers furent détruits, par décret du Magistrat, au début du 19ème siècle, mais quelques-uns ont été reconstruits depuis. La ville basse comptait 500 lotissements et la superficie de la ville atteignait 29 hectares. La construction était strictement réglementée par le Droit de Lubeck et par les décrets du Magistrat. En réalité, la clef résidait dans les bonnes relations avec les voisins et la **paix familiale**. Avant toute activité il fallait présenter le projet concernant le futur bâtiment au Magistrat. Ensuite, le membre du Magistrat chargé de surveiller les chantiers, marquait par terre la ligne rouge que les fondations ne devaient pas dépasser. Les façades donnant sur la rue étaientt bien alignées. Dès 1370 les maisons devaient être construites en pierre, les maisons en bois furent détruites puis reconstruites au fur et à mesure. Il était interdit d'habiter les caves, situées à l'époque au rez-de-chaussée, et de planter un potager ou des arbres à proximité de la rue. Les toilettes devaient se trouver au moins à deux mètres de la rue. Il était également interdit d'avoir un élevage sans avoir d'étable et de cacher la lumière aux voisins. Il était interdit de construire ou de modifier quoique ce soit sans la permission des voisins: cheminée, poêle, grange, passage voûté, porte, fenêtre. Si une grande famille n'arrivait pas à se mettre d'accord sur la gestion de la maison, ils le faisaient alors à tour de rôle. Le grand vestibule, *diele* (100m^2), était

Les boutiques de la Guilde St Catherine dans le passage St Catherine

utilisé comme atelier et salle de séjour. Dans un coin se trouvait la grande cheminée ouverte ($10m^2$), qui remplaçait la cuisine. Les étages au-dessus servaient d'entrepôts et de granges. Selon la hauteur de fronton, le bâtiment pouvait compter deux à quatre étages réservés aux marchandises. La pièce qui donnait sur la cour, *dörnse* ($50m^2$), était chauffée et servait de chambre à coucher. Les planchers du rez-de-chaussée ainsi que des étages étaient couverts de dalles en pierre calcaire pour diminuer le risque d'incendie.

Les maisons, tournées vers la rue avec leurs hauts frontons, étaient longues et étroites. Les bâtiments auxiliaires (granges, étables, habitats pour les apprentis) se trouvaient dans la cour et on pouvait y accéder par un passage voûté ou en traversant le bâtiment principal. Dès le 17ème siècle, quand l'importance de Tallinn dans le commerce international de transit diminua, les entrepôts sous les combles furent aménagés en appartements. La plupart des demeures subirent des remodelages tant à l'extérieur qu'à l'intérieur. Quelques-unes de celles qui furent conservées, abritent aujourd'hui des ateliers d'artisans.

La maison d'un marchand médiéval

Le musée de la ville de Tallinn dans la rue Vene

Légende

Les vieux bâtiments de Tallinn ont leur vie particulière. Parfois le soir on y entend quelqu'un ouvrir la porte et entrer. La porte se ferme en claquant, des pas fatigués se déplacent et si quelqu'un se trouve par mégarde sur leur route il peut être brusquement bousculé.

Le théâtre de la ville de Tallinn dans la rue Lai

La cuisine sous la cheminée ouverte

Maquette de la maison de marchand, construite par les élèves des écoles de Tallinn

Palais de la noblesse

L'apparence actuelle des palais de la noblesse de Toompea date d'après le grand incendie de l'an 1684. À cet endroit se trouvaient les propriétés appartenant aux chevaliers et au Dôme. Au Moyen Âge, ces bâtiments étaient partiellement en bois et ils furent endommagés à plusieurs reprises par des incendies (en 1553, 1581 et 1684).

La plupart des maisons à Toompea ont une apparence de style classique : rectangulaires, façades strictes, accent mis sur la partie centrale, ornées de demi-colonnes, pilastres et encadrements de fenêtres. Au centre du bâtiment se trouvait d'habitude un grand vestibule. Les pièces étaient en enfilade ou bien elles étaient séparées les unes des autres par un couloir central. Certaines façades bien impressionnantes sont visibles de loin depuis la ville basse.

En été la noblesse vivait à la campagne dans les manoirs, mais pendant la saison de la vie mondaine on retournait à Toompea pour les affaires publiques, on se montrait et on rencontrait les autres aux bals, aux concerts et lors d'autres événements mondains. La première maison sur la rue Kohtu (2, rue Kohtu) qui appartenait autrefois au chercheur polaire Eduard von Toll, fut entièrement rénovée (en 2003) pour des appartements de luxe. Le bâtiment mitoyen appartient actuellement à l'ambassade de Finlande. Il fut construit par Bernhard Otto Jacob von Uexküll en 1851. Le comte Ewald Alexander Andreas von Ungen-Sternberg fit construire le palais de la noblesse sis à 6, rue Kohtu (1865-1868). Il commanda le projet à Martin Gropius de Berlin qui créa un château français dans le milieu nordique. Pour innover, il combina des briques au matériel local - le calcaire - ce qui allégeait l'impression générale habituelle de bâtiment lourd en calcaire. Actuellement, le bâtiment appartient à la Présidence de l'Académie des sciences. La résidence d'hiver sise à 8, rue Kohtu, fut construite par la famille Kaulbars. La façade de style Empire avec ses colonnes ioniques rappelle le bâtiment principal de l'Université de Tartu. Sur le mur donnant sur la cour, une inscription en latin *"Parentum voto ac favore"* (avec les meilleurs voeux et la faveur des parents) attire les regards. Le nombre des propriétés à Toompea s'élevait à 68, la superficie de la ville étant de 6 hectares.

Cette société close des aristocrates germano-baltes ne commença à se décomposer qu'après 1920, après l'abolition de la Chevalerie d'Estonie en tant qu'organisation de rang. Ainsi, la République d'Estonie acquit une partie des palais de la noblesse, servant désormais pour des ministères, des ambassades et d'autres établissements. Les derniers aristocrates quittèrent Toompea en automne 1939, quand les Allemands baltes partirent pour l'Allemagne, conformément au pacte d'Hitler et de Staline. Aujourd'hui, la plupart des bâtiments à Toompea abrite différents établissements d'État ou des ambassades étrangères, mais il y a aussi des logements.

Légende

Un beau jour une famille noble invita au mariage de sa fille le tsar russe, Pierre le Grand, de passage à Tallinn. Fatigué à cause de la longue journée, il s'endormit la tête sur les genoux de la fiancée. Se réveillant quatre heures plus tard il avoua qu'il ne s'était jamais senti mieux protégé que par sa fidèle sujette. Il souhaita de longues années de vie aux jeunes mariés et laissa en cadeau pour l'épouse un beau collier.

Les rues Courte Jambe et Longue Jambe

La rue **Pikk jalg**, pente pavée, assurait l'accès à la ville aux carrosses et chariots ainsi qu'aux cavaliers.

La rue **Lühike jalg** fut construite au 13ème siècle et reliait la ville haute au quartier des marchands allemands, installés à proximité de l'église St Nicolas. Par sa pente abrupte elle ne permettait de monter qu'aux piétons ; aujourd'hui elle a été transformée en escalier.

L'escalier de la rue Lühike Jalg

Légende

La ville haute est reliée à la ville basse par deux rues, qui sur le plan de la ville ressemblent à des jambes. Ainsi les deux rues trouvèrent facilement leurs noms. Comme ces jambes n'ont pas la même longueur, Tallinn est parfois aussi appelée "la ville boiteuse".

Pour garantir la sécurité des habitants de la ville basse les deux rues aboutissent à des portes fortifiées. Les meurtrières de la muraille construite entre les portes et qui sépare les deux villes, sont tournées vers la ville haute. Elle est surnommée muraille de la Méfiance, car les querelles entre les nobles de la ville haute et les bourgeois de la ville basse n'étaient pas rares.

La tour de défense de la porte de la rue Pikk Jalg.

Construite dans les années 1380 dans la partie basse de la rue Pikk Jalg, cette tour de trois étages contrôlait l'accès vers la ville basse. La grille et une porte fortifiée fermaient le passage pendant la nuit et en cas de danger. Au 15ème siècle, pendant les travaux de reconstruction, la tour gagna deux étages et atteint une hauteur de 20 mètres. Les trois étages du haut étaient prévus pour assurer la sécurité et la défense de la ville, le mécanisme pour lever et fermer la grille se trouvait au premier étage.

Au 19ème siècle les trois étages furent remodelés en **appartements**, transformés un siècle plus tard en ateliers de peintres. La muraille entre les portes de la ville basse qui donne sur Toompea et suit la rue Pikk Jalg, fut épargnée de la démolition.

La tour de défense de la porte de la rue Lühike Jalg.

Elle fut construite dans les années 1450 dans la partie haute de la rue, à la frontière de la ville basse et de la ville haute. Au rez-de-chaussée se trouve un passage en escalier et deux portails. La porte en bois fortifiée par **des clous en fer forgé** a gardé sa place jusqu'à nos jours. À l'époque le portail du haut était fermé par une grille. Le premier étage abritait le mécanisme de la grille, le deuxième servait de passage pour la galerie qui reliait les tours de la muraille et le troisième s'ouvrait sur une plate-forme. Au 16ème siècle l'étage fut couvert par un toit, mais pendant la Guerre de Livonie la tour fut fortement endommagée. Depuis le 18ème siècle plusieurs maisons venaient s'appuyer contre la muraille près de la tour qui fut elle-même divisée en appartements. Quelques siècles plus tard ces appartements avaient la réputation d'être hantés par un moine agenouillé venant souvent y dire ses prières.

Les travaux de restauration de 1985 à 1988, redonnèrent à la tour son apparence moyenâgeuse, le quatrième étage reconstruit fut couvert d'un toit haut en tuiles. Depuis lors la tour abrite le centre de la musique ancienne et le moine a trouvé la sérénité de l'âme et ne fréquente plus ces lieux.

La porte et la tour de défense de la rue Pikk jalg vues de Toompea ▸

Le jardin du roi de Danemark

Selon la légende les troupes danoises montèrent leur camp au pied de la colline et commencèrent la construction d'une forteresse en pierre.

Le Jardin du roi de Danemark dans la ville haute est entouré d'une muraille de 13 mètres de hauteur et de deux tours - **Tallitorn** (la tour de l'étable) et **Neitsitorn** (la tour de la vierge). Le jardin pittoresque n'est pas très grand, mais il offre une vue admirable sur la ville basse. Les voûtes des niches et la galerie de la muraille forment un cadre romantique.

Depuis le 19ème siècle on accède au jardin par la rue Lühike Jalg. La porte et la grille reliant ces deux points ont parfaitement subsisté jusqu'à nos jours.

Les petites armoiries de Tallinn avec le Danebrog dans le jardin du roi de Danemark

Légende

Le 12 juin 1219, la grande flotte des danois, menée par le roi Valdemar II, accosta dans la baie de Tallinn. Trois jours plus tard, ayant rassemblé leurs forces, les Estoniens attaquèrent inopinément. Les Danois durent reculer, mais au moment le plus critique pour eux, un drapeau tomba du ciel. Sous ce drapeau rouge avec une croix blanche les Danois obtinrent la victoire. Appelé ***Daneborg****, il est devenu le drapeau national du Danemark. Le motif de la croix blanche sur fond rouge servit aussi aux petites armoiries de Tallinn et aux armoiries de la Grande Guilde.*

Les rues de la ville

Les noms des rues de Tallinn se formèrent petit à petit durant une longue période. Les rues n'étaient jamais nommées par hasard, le nom était toujours lié à un certain établissement, métier, activité, direction ou personne. Ce n'est qu'en 1872 que ces appellations populaires furent fixées en tant que noms officiels en allemand et en russe. La rue **Karja** (la rue du troupeau) est la plus vieille rue portant le même nom en estonien depuis le Moyen Âge jusqu'à nos jours. Jusqu'en 1768, les rues Suur-Karja et Väike-Karja servirent pour mener les animaux aux pâturages.

Les rues suivantes furent appelées selon les personnes qui les utilisaient le plus : rue **Nunne** (religieuse) allant vers le couvent des religieuses, rue **Munga** (moine) allant vers le monastère. Les rues **Kohtu** (tribunal), **Tolli** (douane), **Aida** (grange), **Sauna** (sauna), **Kloostri** (couvent) ja **Vana-Posti** (vieille-poste) furent également baptisées d'après les établissements qui s'y trouvaient. Parfois une rue avait plusieurs noms en même temps, ainsi la rue **Kullassepa** (orfèvre) où se trouvaient les bijouteries, portait aussi le nom de Hõbeseppade (forgerons de l'argent). Les rues **Niguliste**, **Oleviste**, **Toom-Rüütli** et **Pühavaimu** doivent leur nom aux églises.

À une certaine époque, il n'était pas encore commun d'utiliser une roue pour tirer l'eau du puits, ainsi une rue fut appelée **Rataskaevu** d'après la roue du puits. Le nom de la rue Uus (nouvelle) fut choisi parce que c'était la première rue construite hors des remparts, en 1653. La rue **Müürivahe** (entre les murailles) se trouvait entre le rempart et les maisons. La rue Mündi (pièce de monnaie) n'a rien à voir avec l'argent, ici vivait le bourgmestre P. Mundt. La rue **Vaimu** (fantôme) était hantée et un marchand de chevaux habitait la rue **Hobusepea** (tête de cheval). En 1839, des plaques de rue avec des noms en allemand et en russe apparurent. Plus tard, les noms en estonien furent ajoutés et les plaques furent désormais en trois langues.

Légende

L'ondin de Rataskaevu (puits à roue) menaça de laisser le puits se sécher si on ne lui apportait pas d'offrandes. C'est ainsi que le peuple de la ville, faute de mieux, s'est mis à y jeter des chats morts.

La rue Rataskaevu

La rue Longue et la rue Large

La rue Lai est une des plus anciennes de la ville. Elle doit sa largeur à la place laissée par la muraille qui fut détruite quand la ville grandit. La nouvelle muraille passe plus à l'ouest. La rue menait de la ville haute au couvent St Michel et à l'église St Olaf. La rue portait alors le nom de "rue des sœurs", d'après les religieuses de l'Ordre cictercien, qui habitaient le couvent. La rue trouva son nom actuel déjà au 18ème siècle.

Plusieurs maisons de la rue Lai possèdent des façades remarquables : le théâtre de marionnettes (1, rue Lai), le théâtre de la ville (23, rue Lai). Les trois bâtiments contigus, au 38/40 de cette rue, connus pour leur façade peu décorée et "masculine", sont appelés **"les trois frères"**.

À la fin de la rue, mentionnée déjà en 1379, se trouve **la noria**, dont les meules étaient tirées par des chevaux.
La ville siégée, privée d'eau pour faire marcher les moulins à eau, nécessita une autre solution. Au long des siècles le bâtiment cylindrique servit d'entrepôt pour l'armée et de garage pour le corbillard de la paroisse St Olaf. Le mécanisme du moulin n'a pas été préservé. L'espace qu'il a libéré est occupé par une splendide exposition de dalles taillées en pierre calcaire. Il y reste aussi de la place pour des concerts et autres évènements culturels estivaux.

La rue Pikk (Longue).

La rue Pikk, une des plus anciennes de la ville basse, relie la ville basse au port et à la ville haute par la rue Pikk Jalg (Jambe Longue). Toute marchandise arrivant ou partant passait par cette rue, qui

Légende

Le bâtiment médiéval avec un haut fronton au 29, rue Lai, ancienne propriété de la famille Hueck, est bien célèbre. On le retrouve à l'abri de deux tilleuls historiques. Selon une légende, un jour le tsar russe, Pierre le Grand, s'endormit devant la maison. Comme le jour était chaud le propriétaire planta deux arbres, l'un au chevet et l'autre au pied du lit imaginaire, pour servir son seigneur une prochaine fois. Les tilleuls d'aujourd'hui ont remplacé les anciens, séchés par un été aride, il y a quelques décennies.

L'ensemble des bâtiments „Kolm õde" dans la rue Pikk

La rue Lai et l'hôtel Hueck

menait aussi au **bureau des poids et mesures** sur la place de l'hôtel de ville. Ici elles subissaient un contrôle strict et continuaient leur chemin soit vers les entrepôts des marchands, soit vers les bateaux au port.

La rue s'appelait autrefois Ranna (la grève) ou Mere (la mer), mais après le déplacement de la muraille vers le nord, elle devint, avec ses 732 mètres, la plus longue rue de la ville basse et mérite ce nom qu'elle porte avec honneur.

La rue Pikk fut le centre de la vie culturelle et aussi, à l'époque où le marché se trouvait sur la place de l'Hôtel de ville, la principale rue commerciale. Les corporations de marchands et d'artisans ainsi que la confrérie des Têtes noires construisirent leurs bâtiments le long de cette rue. L'église St Olaf, les ambassades, les bureaux de la fonction publique, les magasins et les cafés témoignent que la rue n'a pas perdu de son importance. On y trouve le café Maiasmokk (gourmand), un des plus anciens et des plus renommés de Tallinn, qui avait déjà ouvert ses portes en 1806, offrant des friandises et du massepain.

Le bâtiment appelé **"Kolm õde"** (les trois soeurs) au 71, rue Pikk, a gardé la forme de ses trois frontons triangulaires percés de lucarnes à travers six siècles. Au bout de la rue, à quelques centaines de mètres du port touristique, Suur Rannavärav (la grande porte de grève) et la tour d'artillerie Paks Margareeta (la Grosse Marguerite), continuent à surveiller, depuis des siècles, l'entrée de la ville.

Remarquables façades dans la rue Pikk

Les bâtiments des Guildes dans la rue Pikk

Kadriorg (la vallée de Catherine)

Situé près de la mer à proximité du centre ville, le parc de Kadriorg, avec ses vieux chênes et châtaigniers, son romantique étang des cygnes et ses parterres de fleurs multicolores, fascine ses visiteurs.

En arrivant à Tallinn en 1714 Pierre le Grand acheta à la famille noble des Drenteln leur résidence d'été et les terrains autour. Le bâtiment modeste, en bois, avec un intérieur simple, un sauna et des étables, abrite aujourd'hui la collection de sculptures du Musée National des Beaux-Arts et est ouvert au public.

Les travaux de construction du **château** commencèrent le 22 juillet 1718. L'architecte Niccolo Michetti le dessina dans le style baroque des villas italiennes pour la résidence d'été du tsar. La haute salle des fêtes du château est un des meilleurs exemples de l'architecture baroque d'Estonie et de l'Europe septentrionale en général avec d'abondantes décorations en plâtre et des peintures de plafond. Le vestibule du rez-de-chaussé ainsi que certains poêles couverts de faïence datent du 18ème siècle.

Les pavillons et autres maisonnettes autour du château, formant un ensemble inséparable, furent aussi rénovés. Le bâtiment réservé

La façade baroque du 18ème siècle du Château de Kadriorg

Légende

Après le rattachement de l'Estonie à son Empire, le tsar Pierre le Grand fit construire sur un splendide terrain près du port un château de style italien entouré d'un grand parc comptant étangs, fontaines et statues. Les tallinois appelèrent cet endroit Kadriorg (la vallée de Catherine) en l'honneur de l'épouse du tsar. Revenu après quelques années à Tallinn, Pierre le Grand s'étonna de ne rencontrer personne dans les allées du parc. Il se mit en colère, lorsqu'il apprit que les officiers avaient interdit l'accès au public. Le tsar fit annoncer aux habitants que la beauté de cet espace vert était mise à leur disposition, les gardiens auraient seulement à surveiller la bonne conduite des visiteurs.

Le musée de Pierre le Grand

à la cuisine abrite depuis 1997, la collection privée de Johannes Mikkel, exceptionnelle donation faite au Musée National des Beaux-Arts.

"Le nouveau château", ancienne Chancellerie et aujourd'hui Résidence du Président d'Estonie, fut construit en 1938. Son style classique se marie parfaitement avec l'ensemble architectural déjà existant depuis des siècles.

Le parc autour du château s'étalait sur cent hectares et comptait aussi un verger, des bosquets de chênes et des châtaigniers. Une partie du parc (1/8) fut dessinée selon les strictes traditions des parcs français. En 1723 fut aménagé **l'étang des cygnes** accueillant en son centre une minuscule île où se trouve le pavillon de la musique. Les alentours de l'étang ainsi que le jardin derrière le château retrouvèrent leurs couleurs du 18ème siècle grâce aux restaurateurs et jardiniers.

Depuis 1958 le parc fut doté du monument de **Fridrich Reinhold Kreutzwald**, auteur du poème épique estonien « Kalevipoeg » (Le fils de Kalev).

Le château dans son ensemble fut propriété de la famille du tsar jusqu'à la Révolution de 1917. En 1929 le château fut transformé en

La salle des fêtes de style baroque du Château
Jardin aux fleurs derrière le Château

Résidence du Président . De 1946 à 1991 le bâtiment abrita toutes les collections du Musée National des Beaux-Arts. Après de minutieux travaux de restauration en 2000 **la collection d'art étranger** fut exposée dans l'ancien château du tsar.

Cette collection s'est formée dès la création du musée et fut complétée par les acquisitions de l'État et les donations. L'exposition permanente regroupe différents styles et écoles de maîtres étrangers. La collection compte plus de 900 tableaux de maîtres russes et européens du 16ème au 18ème siècles, 3500 travaux graphiques, plus de 3000 sculptures et 1600 autres pièces d'art (meubles, objets en faïence, en verre et en argent)

Les tableaux sont des oeuvres d'artistes hollandais (M. de Vos, A. van Ostade, T. Michau), allemands (A.Graff, A.Kauffmann) et italiens (F.Trevisani, B.Strozzi) du 16ème au 18ème siècles. L'art russe est représenté par les peintres des 18ème et 19ème siècles (D.Levitski, V.Borovikovski, K.Brüllov, I. Aivazovski, I. Shiskin, I. Repin). La petite collection de tableaux d'artistes finlandais du 20ème siècle (T.Sallinen, V.Kunnas) est intéressante surtout dans le contexte scandinave.

Mitoyenne, l' exposition permanente présente également des tableaux, des sculptures et des objets d'art appliqué du 18ème au 20ème siècles meubles, pièces en faïence, en verre et en différents métaux. Une partie spéciale est dédiée aux objets en argent et en or.

Quelques salles sont prévues pour des expositions temporaires, présentant les fonds du musée national ou venant de l'extérieur.

Le musée propose des excursions, des cours de musique ou d'histoire de l'art. On y organise des concerts et des spectacles. Parfois les salles sont louées pour des réceptions importantes.

Le monument de Friedrich Reinhold Kreutzwald

Le romantique étang des cygnes avec le pavillon dans le parc de Kadriorg

La scène des festivals du chant

Les Estoniens aiment beaucoup chanter ensemble. En 1988 la Révolution chantante a rassemblé sur la scène du pré un tiers de la population estonienne, qui exprimait en chantant son espoir de l'indépendance .

Le premier festival eut lieu à Tartu en 1869. Expression de l'unité et de la foi il marqua le début d'une tradition importante pour la survie d'un peuple peu nombreux. Tous les cinq ans au mois de juin, des dizaines de milliers de chanteurs, habillés en costumes régionaux et des centaines de milliers de spectateurs viennent au festival.

Construite en 1960, **la scène**, dont l'acoustique est parfaite, abrite sans difficulté 30 000 chanteurs. La haute pente du pré offre une vue pittoresque sur la mer et sur le panorama de la ville. À droite de la scène se dresse une tour de 42 mètres de hauteur, portant le feu symbolique pendant les festivals. À gauche se trouve le pavillon des transmissions télévisées et de la radio.

À l'occasion du centenaire des festivals un mémorial fut aménagé: au milieu de 100 chênes, un texte taillé sur un mur en pierre calcaire raconte l'histoire des festivals, un grand rocher en granite porte les dates 1869-1969 et la première strophe de la chanson d'ouverture.

Au cours de l'année d'autres événements s'ajoutent aux festivals : concerts en plein air, expositions, foires. Plusieurs artistes célèbres y ont donné des concerts. En hiver la pente se transforme en piste de luge et de ski.

Le festival du chant attire des centaines de milliers d'Estoniens

Pirita

Au bord de la mer, à six kilomètres du centre ville se trouve le prestigieux quartier résidentiel Pirita. La plage, le port de plaisance et les pinèdes attirent les habitants de Tallinn et les touristes. En été on peut y pratiquer différentes activités sportives.

En 1980, quand Moscou accueillit les participants des XXIIème Jeux Olympiques, la regatte des voiliers fut organisée à Tallinn. Cet événement laissa son empreinte sur la structure du quartier, devenu le lieu des loisirs populaires.

Le quartier doit son nom au **monastère de Ste Brigitte**. Fondé par les marchands aisés en 1407, le couvent fut béni en 1436. Pendant le siège de Tallinn en 1577, le plus grand couvent des pays baltes fut pillé par les troupes d'Ivan le Terrible. Les ruines de l'église et les fondations des bâtiments autour, retrouvées après les fouilles, restent impressionnantes même de nos jours. Devant l'église se trouve le cimetière du 17ème siècle des paysans d'alentours. Les ruines et la verdure qui l'entourent constituent un cadre charmant pour les concerts et les messes.

En 2001 un nouveau couvent fut construit à l'endroit de l'ancien verger. Il accueille les religieuses de l'ordre de Ste Brigitte du monde entier.

Une des constructions les plus remarquables du quartier est celle du **Centre Olympique** avec port de plaisance, yachting club, centre de presse et village olympique, qui se compose d'un hôtel pour 630 visiteurs, de salles de sport, d'une piscine, de restaurants et clubs. La place des cérémonies offre une vue superbe sur la rivière Pirita et sur la baie de Tallinn.

Pirita. Le Centre Olympique et la tour de la télévision (314 mètres)

Les ruines du couvent dédié à Ste Brigitte

Les murs de l'ancien couvent à Pirita

Les 123 hectares du **Jardin botanique** s'étalent sur les deux rives de la rivière Pirita à 9 kilomètres du centre ville. Fondé en 1961 le jardin présente environs 8000 espèces de plantes exotiques et de la région sous serre et en plein air.

À coté du Jardin botanique se dresse **la tour de la télévision** (314 mètres), construite également pour les Jeux Olympiques de 1980. Au 21ème étage, à 170 mètres de hauteur, se trouve un restaurant confortable, qui offre un panorama magnifique de Tallinn. Par beau temps il laisse même deviner le littoral finlandais. La tour porte les antennes de diffusion télévisée, de radio ainsi que des téléphones portables.

En 1873 le comte russe Orlov-Davydov, acheta l'ancienne sucrerie près de la route de Pirita et y fit construire un château de style néogothique. La propriété fut appelé Marienberg ou Maarjamäe (la colline de Marie) d'après le nom de la comtesse. Depuis 1975 le château abrite une filiale du musée national d'histoire.

Près de la route de Pirita, au bord de la mer, le monument Russalka (la Sirène) commémore les marins du cuirasse russe du même nom qui coula pendant une tempête durant sa traversée de Tallinn à Helsinki en 1893. Le monument fut inauguré en 1902. La sculpture en bronze d'une sirène, travail du maître local Amandus Adamson, montée sur un socle en granite, indique par une croix dorée le lieu du naufrage et bénit les victimes. Sur le sol, une mosaïque représente une boussole entourée de basses colonnes et de solides chaînes. Les plaques en fonte fixées aux colonnes portent les noms des 177 marins noyés.

De nos jours les jeunes couples russes posent des fleurs au pied du monument et accrochent des cadenas aux chaînes massives, avec leurs noms gravés, comme symbole de leur amour éternel.

En 1889 l'Américain Charles Leroux fit le premier saut en parachute d'Estonie. Malheureusement, pendant la démonstration, le vent l'emporta au-dessus de la baie de Tallinn et il se noya avant l'arrivée des bateaux de secours.

Le monument en acier d'une hauteur de 11,5 mètres, inauguré en 1989, symbolise un parachute ouvert. Il se trouve près de l'endroit du naufrage et porte une dédicace «aux hommes braves et courageux».

Voiliers et bateaux sur la baie de Tallinn

Monument en acier du parachutiste disparu

Le monument „Russalka“ au bord de la route de Pirita

Les quartiers nouveaux

Chaque année la ville devient plus moderne et attractive : on y construit des bureaux, des appartements, des hôtels, des centres commerciaux et de distractions.

Le premier « gratte-ciel » qui fut construit en 1975, c'est **l'hôtel Viru** qui compte 22 étages et fait 64 mètres de hauteur. Un second suivit en 1980, **l'hôtel Olümpia** avec 84 mètres de hauteur.

Une construction moderne en verre, **Kawe Plaza**, datant de 1997 et se trouvant près de la place Vabaduse väljak (place de la liberté), fut construite pour des bureaux . La façade du bâtiment en forme de bateau est entièrement couverte de verre miroité. Un autre bâtiment en verre construit en 1999, **siège de Ühispank**, dresse son sommet en forme de pyramide à 94 mètres de hauteur (24 étages).

Les travaux de construction de **l'hôtel SAS Radisson** furent achevés en 2001. Pour le moment c'est le plus haut bâtiment de Tallinn. Ses 25 étages montent à 103 mètres. Plusieurs «gratte-cie » sont encore en construction au centre ville : City Plaza (78 mètres) pour des bureaux et un bâtiment de plusieurs appartements (70 mètres).

L'hôtel Viru

◂ *L'hôtel Radisson*

Légende

Chaque année un petit bonhomme gris sort du lac Ülemiste pour demander si les travaux de construction de Tallinn sont terminés. Son intention est d'inonder la ville dès qu'elle sera prête. Il est évident que dans ces conditions les travaux et le développement de la ville ne peuvent pas cesser.

Les demeures en pierre calcaire

Le calcaire est un des matériaux locaux les plus répandus et il a été utilisé pendant des milliers d'années. Le calcaire s'est formé il y a 410-480 millions d'années pendant l'ordovicien et le silurien. Il peut être de différentes couleurs gris, verdâtre, rougeâtre, jaune, brun foncé, et selon l'époque et l'endroit de sa formation on l'appelle calcaire, dolomite ou marbre.

Les Estoniens utilisaient le calcaire principalement pour la construction sans mortier des tumuli en pierre (au 8ème siècle av. J.-C.), des fondations des forteresses et des clôtures autour des maisons et des champs. Le mortier (de chaux) fut introduit par les Danois et les Allemands au début du 13ème siècle. C'est ainsi que tous les bâtiments moyenâgeux furent construits en calcaire. Les premières carrières d'extraction du calcaire à Tallinn se trouvaient à Toompea, puis à Lasnamäe. La première pierre taillée connue, une pierre tombale, date de l'an 1309. Déjà au 14ème siècle il y avait à Tallinn une guilde de tailleurs de pierre dont les produits étaient également exportés.

La suivante «grande saison» du calcaire fut le 19ème siècle, époque du Réveil national estonien. Les murs en calcaire sans crépi revinrent à la mode. L'édifice des Estoniens Kaarli kirik (1870,

L'entrepôt de sel de Rotermann abrite le Musée d'Architecture

Légende

Le calcaire a sauvé la ville basse à plusieurs reprises d'être réduite en cendres. A Toompea les familles nobles ne savaient pas estimer ni la valeur de la pierre, ni celle de l'homme. Une des fois où les juges torturèrent des innocents, une pluie de feu tomba du ciel et brûla le bâtiment du tribunal, les juges, les instruments de torture et finalement toute la ville. Mais la ville basse resta intacte.

l'église St. Charles) date de cette époque-là ainsi que certaines constructions des Allemands locaux : le théâtre allemand (N. Vassiljev, A. Bubõr 1910, actuel Eesti Draamateater), la manufacture de Luther (1887), la villa de la famille Luther - actuel palais du mariage (N. Vassiljev, A. Bubõr, 1910) et le club Luther (A. Lindgren, E. Saarinen, 1905), ces trois derniers dans la rue Pärnu maantee. S'y ajoutent l'usine Ilmarine (1881) et la fabrique Rotermanni avec l'entrepôt de sel (1908) au bord de la mer dans le centre ville.

L'âge d'or de l'architecture estonienne en calcaire commença dans les années 1930, quand le calcaire fut utilisé pour la réalisation des idées du **fonctionnalisme** populaire. Des exemples de cette symbiose : Tuletõrjehoone (bâtiment des pompiers) dans la rue Raua (1939) et la chapelle de Metsakalmistu (cimetière de la forêt, 1936).

Pendant l'époque soviétique, la construction en calcaire fut quelque peu oubliée, mais par contre, l'utilisation des plaques de calcaire pour la finition extérieure des bâtiments devint populaire. Sont décorés ainsi le bureau de poste sur la place Viru (1975), le bâtiment du Ministère des Affaires étrangères (1968), l'Université pédagogique de Tallinn sise à Narva mnt. 29 (1978), un immeuble résidentiel sis à Narva mnt. 31 (1987) et à proximité, l'église méthodiste, construite à l'époque du retour à l'indépendance. En 1980, quand Tallinn accueillit la régate lors des Jeux Olympiques de Moscou, le calcaire fut de nouveau valorisé comme matériau de construction. L'architecte la plus connue utilisant le calcaire est Raine Karp. Elle est l'auteur des projets de Linnahall (1980, Hall de la ville), du Centre Culturel Sakala (1985) et de la Bibliothèque Nationale (1992). De nos jours le calcaire, modeste mais solide, est devenu un symbole national des Estoniens. Le 4 mai 1992 le calcaire fut proclamé pierre nationale d'Estonie.

L'église St Charles

La villa de la famille Luther abrite l'actuel palais du mariage

Les banlieues

La plus ancienne des banlieues est **Kalamaja** (maison de poisson). Là, le conseil municipal donnait les terrains en location aux pêcheurs, aux charretiers et autres artisans. Les banlieues commencèrent à se développer tout particulièrement après l'an 1870 quand la ligne de chemin de fer Tallinn Saint-Petersbourg fut construite. A cette époque-là, l'Estonie était une des régions les plus développées de l'empire russe. Ici, de nombreuses usines étaient construites ainsi que des maisons. Ces nouveaux immeubles résidentiels étaient d'un étage, sans confort et en bois. En guise de protection contre l'incendie il y avait des murs coupe-feu en pierre entre les bâtiments. Dans la cour, séparée de la rue par une palissade en planches, se trouvait le potager. Les paysans estoniens, récemment venus en ville et arrangeants, se résignaient à ces immeubles à usage locatif, pas très chers. Mais les anciens citoyens allemands se faisaient construire dans les banlieues de magnifiques manoirs d'été et des villas.

Dans les années 1930, des maisons en bois dont la cage d'escalier était en pierre, que l'on appelle **maisons de Tallinn**, furent construites en grande quantité. Ces quartiers en bois ont subsisté jusqu'à nos jours. Pendant l'époque soviétique ces maisons n'étaient pas rénovées et de nouvelles maisons n'étaient pas construites à leur place non plus.

Au 20ème siècle, les travaux de construction étaient surtout forcés par différents groupes d'intérêt politique : noblesse et citoyens allemands, gouvernement russe, Estoniens. Le style de construction des Allemands était influencé par des idées romantiques, dont l'exemple caractéristique est **le château de Nikolai von Glehn** (1886), fondateur du quartier de Nõmme. L'administration tsariste utilisait l'architecture pour manifester sa puissance politique. Ces deux groupes ethniques puisaient également leurs idées dans l'architecture des siècles précédents.

Le bord de la vieille ville allant de Viru värav (la porte de Viru) jusqu'à Harju värav (la porte de Harju) fut également rénové ; le rempart fut soit détruit, soit caché par des bâtiments hauts et modernes. L'un après l'autre se dressèrent des édifices tels que le

La rue Salme une banlieue typique de Tallinn

bâtiment de Eesti Pank (Banque Centrale), ancienne banque de la noblesse, le lycée commercial des jeunes filles (1916, actuel collège anglais), le cinéma Gloria Palace (1926, actuel théâtre russe), le bâtiment du Bureau des assurances (1932, aujourd'hui à la disposition de la municipalité de la ville), l'hôtel Palace (1937) etc.

Les Estoniens devaient respecter le même style de construction, mais pour se différencier des allemands ils utilisaient de nouvelles méthodes. Pour la construction du théâtre Estonia, par exemple, on préféra les architectes finlandais (A. Lindgren, W. Lönn 1913), bien qu'il aurait été possible de faire appel aux architectes du théâtre allemand mitoyen, actuel Draamateater (N. Vassiljev, A. Bubõr, 1910), ce qui aurait permis à ces deux grands théâtres de former un ensemble unique. Mais le théâtre Estonia fut construit d'une manière particulièrement expressive : la façade arrière du côté du théâtre allemand, comme si il lui tournait le dos.

Les Estoniens cherchaient leur « style particulier estonien » dans le romantisme finlandais, mais ne le trouvèrent qu'**en 1929** quand la première villa de style **fonctionnaliste** fut construite. Pendant la deuxième guerre mondiale, 53% des habitations furent détruites. Après la guerre, les maisons construites d'après un modèle type se dressaient dans le quartier de **Kristiine** et à **Kose**. La superficie du terrain était fixée à 600 m², la surface habitable à 60 m² et le nombre maximum des pièces à 5. Dans le but de remédier au manque de surface habitable en 12 ans, une nouvelle vague de construction commença **en 1960**. Des quartiers de grands immeubles résidentiels se dressèrent à **Mustamäe**, **Õismäe** et **Lasnamäe**. Outre un environnement monotone de béton, ils étaient le signe d'une immigration permanente venant d'autres «républiques sœurs» de l'Union soviétique. Les grandes usines locales attiraient du monde en promettant de nouveaux appartements dans ces quartiers résidentiels avec chauffage central et eau chaude. Pendant l'époque soviétique ces immeubles étaient gérés par l'Etat, aujourd'hui tout a été rendu aux propriétaires ou privatisé.

Bâtiments en bois dans la rue Kalev ▸

Vue sur les quartiers nouveaux de Lasnamägi

Musée en plein air d'Estonie

Au 19ème siècle le marchand Girard de Soucanton exprima son amour pour l'Italie en appelant sa résidence d'été au bord de la baie de Tallinn « **Rocca al Mare** » **le rocher près de la mer**. Bientôt le nom s'appliqua aux alentours de la propriété.

Sur le même territoire de 84 hectares, au milieu de la verdure, fut crée le musée en plein air, ouvert pour les visiteurs en 1964.

L'exposition se compose de 79 bâtiments et reflète l'évolution de la construction paysanne en Estonie. L'architecture et les objets d'usage courant présentent la vie de différentes couches sociales des paysans du 18ème au 20ème siècles. Les bâtiments sont regroupés par époque et par le statut social de leurs anciens propriétaires. Les bâtiments publics sont aussi présents : l'église, la taverne, l'école, les moulins etc.

Pour la construction, les paysans utilisaient des troncs de pin ou de sapin liés en tenon, ou parfois de la pierre calcaire. Cette tradition a plus de 1000 ans et a duré jusqu'au début du 20ème siècle.

Le toit était couvert de paille ou de roseaux ou de carreaux en pierre calcaire ou en bois, pour les bâtiments avec un risque élevé d'incendie. Jusqu'au 19ème siècle les maisons n'avaient pas de cheminées.

Du 16ème au 19ème siècle les chambres et la grange étaient sous le même toit. Dans la grange on séchait le blé en automne et en hiver on y habitait. L'air servait pour le battage du blé, mais en hiver on y gardait les animaux domestiques. Le grand poêle au milieu de la grange possédait aussi un foyer ouvert pour cuisiner. À la fin du 19ème siècle on commença à chauffer les chambres (jusqu'ici on y habitait seulement en été) et le sol en terre battue des chambres fut couvert de bois. Dans certaines régions le poêle de grange acquit un conduit de cheminée et le foyer ouvert fut remplacé par un fourneau.

D'autres bâtiments entouraient la cour : l'entrepôt pour les habits abritait des grands coffres, qui contenaient également la dote des filles à marier; l'étable, la cuisine d'été (on y faisait aussi la lessive), un grenier pour le blé et un autre pour d'autres denrées. Les objets d'usage courant des paysans étaient en bois, la vaisselle en terre cuite.

À la fin du 19ème siècle les demeures se sont séparées des granges. À coté des anciens bâtiments autour de la cour les greniers, le sauna, l'étable, la cave - on construisit l'écurie, la fenière, la

Demeure d'un paysan estonien dans le musée en plein air de Rocca al Mare

sécheuse de grains. Le mouvement pour la décoration des maisons, né avant la seconde Guerre Mondiale influença la façon de construire : plusieurs demeures furent revêties et peintes.

Dans le musée en plein air sont aussi exposés des bâtiments publics comme par exemple la taverne de Kolu. Construite en 1840 elle se compose de deux salles : les locaux destinés aux paysans et les locaux pour les seigneurs ne souhaitant pas rester à proximité des paysans. Les tavernes étaient les institutions publiques les plus nombreuses et les plus populaires à la campagne. Les premiers documents mentionnant les tavernes d'Estonie datent du 15ème siècle. Depuis 1993 la taverne de Kolu propose des repas estoniens traditionnels aux visiteurs du musée.

Un exemplaire unique, la chapelle de Sutlepa, région de l'ouest de l'Estonie, habitée depuis des siècles par les suédois, représente le fusionnement des traditions de construction paysanne et du style baroque. Construite au 17ème siècle elle est encore de nos jours ouverte pour les services.

Une autre exposition intéressante représente la demeure temporaire des pêcheurs de la région de Hiiumaa du 19ème siècle.

L'exposition compte également plusieurs moulins à vent; un des plus impressionnants à deux étages, Vanaselja tuulik, date du 19ème siècle.

Le musée en plein air constitue un passe-temps intéressant pour tous les âges et demeure un endroit calme et vert au milieu de la ville.

Puits dans la cour de la ferme de Sassi-Jaani

Demeures des pêcheurs au 19ème siècle

Travaux de la ferme dans le musée en plein air de Rocca al Mare